Impressum
Verlag: BABADADA GmbH, Nedderfeld 112 , 22529 Hamburg
Geschäftsführer / Verlagsleitung: Harald Hof
Druck: Books on Demand GmbH, In de Tarpen 42, 22848 Norderstedt

Imprint
Publisher: BABADADA GmbH, Nedderfeld 112 , 22529 Hamburg, Germany
Managing Director / Publishing direction: Harald Hof
Print: Books on Demand GmbH, In de Tarpen 42, 22848 Norderstedt

shule

мактаб

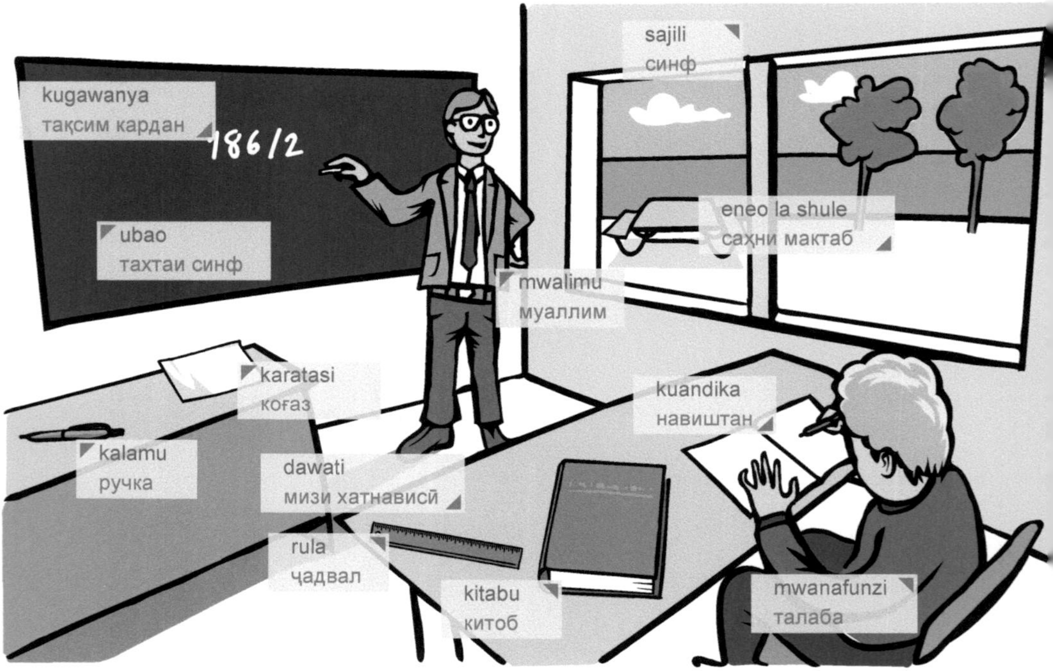

sajili
синф
kugawanya
тақсим кардан
186/2
ubao
тахтаи синф
eneo la shule
саҳни мактаб
mwalimu
муаллим
karatasi
коғаз
kuandika
навиштан
kalamu
ручка
dawati
мизи хатнависӣ
rula
ҷадвал
kitabu
китоб
mwanafunzi
талаба

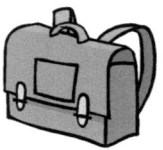

mkoba

чузвдон

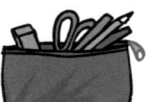

kikasha cha penseli

қаламдон

penseli

қалам

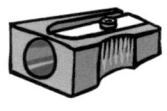

kichonga penseli

қаламтезкунак

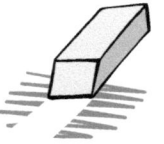

mpira

хаткуркунак

pedi ya kuchora

блокноти расмкашӣ

uchoraji
расм

brashi ya rangi
мӯқалами рассомӣ

sanduku la rangi
қуттии рангҳо

mkasi
қайчӣ

gundi
ширеш

daftari
дафтари машқ

kazi ya nyumbani
вазифаи хонагӣ

nambari
рақам

jumlisha
ҷамъ кардан

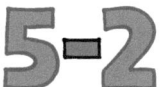

ondoa
кам кардан

zidisha
зарб задан

kokotoa
ҳисоб кардан

barua
ҳарф

alfabeti
алфавит

neno
калима

maandishi

матн

kusoma

хондан

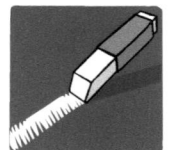

chaki

бӯр

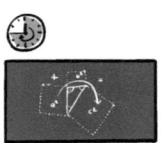

somo

дарс

sajili

журнали синфӣ

uchunguzi

имтиҳон

cheti

шаҳодатнома

sare za shule

либоси мактабӣ

elimu

таҳсил/маориф

elezo

энсиклопедия

chuo kikuu

донишгоҳ

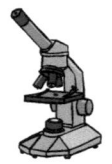

darubini

микроскоп (more frequently used)

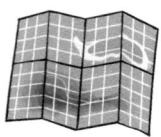

ramani

харита

kikapu cha kuweka karatasi chafu

сабади партофҳои коғазӣ

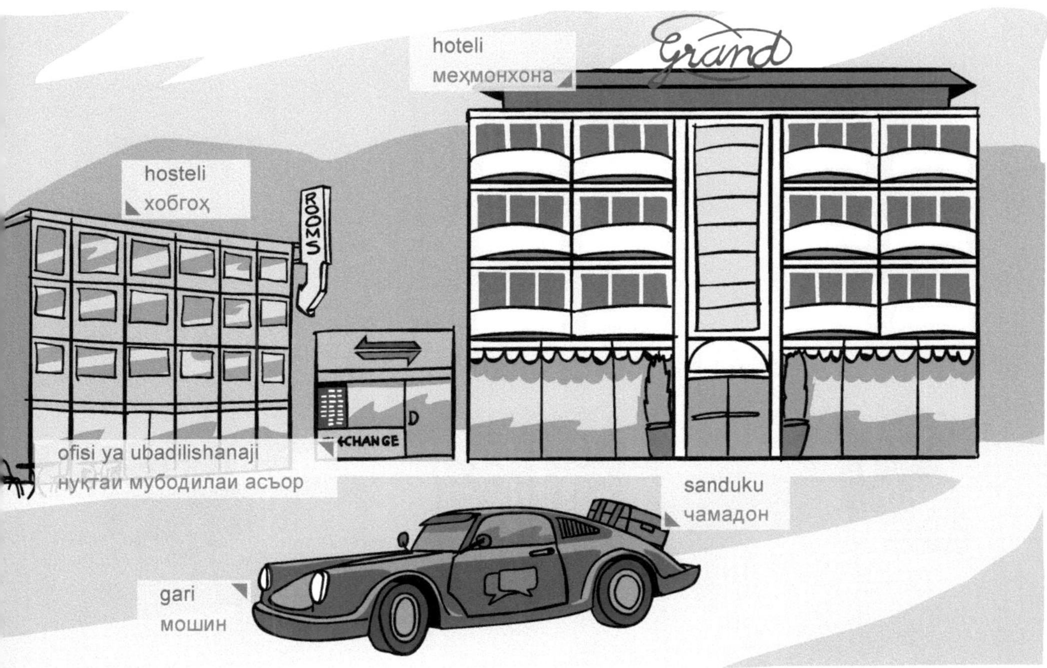

hoteli
меҳмонхона
Grand
hosteli
хобгоҳ
ROOMS
EXCHANGE
ofisi ya ubadilishanaji
нуқтаи мубодилаи асъор
sanduku
чамадон
gari
мошин

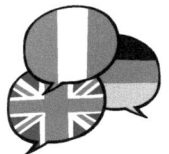

lugha
забон

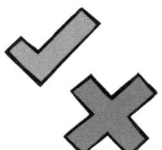

ndiyo / la
ҳа / не

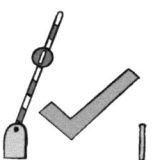

sawa
Хуб

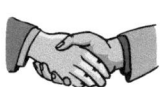

hujambo
Ассалому алейкум

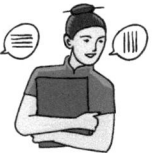

mtafsiri
тарҷумон

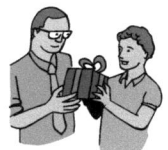

Asante
Раҳмат

kiasi gani ni ...?

чӣ қадар аст ...?

Sielewi

Ман намефаҳмам

tatizo

проблема

Jioni njema!

шаб ба хайр!

Habari za asubuhi!

субҳ ба хайр

Usiku mwema!

шаби хуш

kwa heri

хайр

mwelekeo

равона

mizigo

бағоч

mfuko

ҷузвдон

shanta

борхалта

mgeni

меҳмон

chumba

хона

begi la kulalia

хобхалта

hema

хайма

taarifa ya utalii

маълумоти сайёҳӣ

ufuo

соҳил

kadi

корти кредитӣ

kifunguakinywa

наҳорӣ

chakula cha mchana

хӯроки пешин

chakula cha jioni

хӯроки шом

tiketi

чипта

kuinua

лифт

muhuri

марка

mpaka

сарҳад

mila

Гумрук

ubalozi

сафорат

visa

раводид

pasipoti

шиноснома

usafiri
нақлиёт

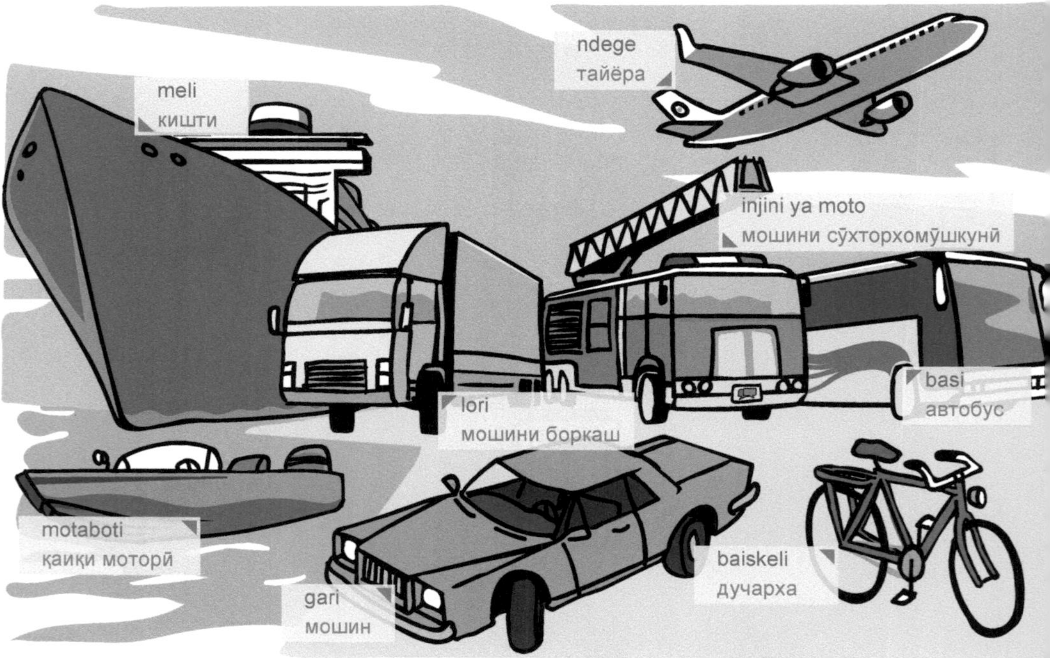
ndege
тайёра
meli
кишти
injini ya moto
мошини сӯхторхомӯшкунӣ
lori
мошини боркаш
basi
автобус
motaboti
қаиқи моторӣ
baiskeli
дучарха
gari
мошин

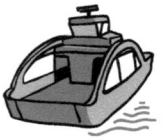

feri

парoм

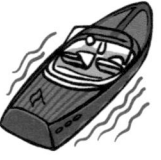

mashua

қаиқ

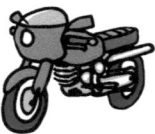

pikipiki

мотосикл

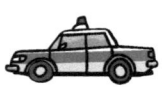

gari la polisi

мошини полис

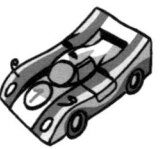

gari la mashindano

мошини тезрави пойгаи

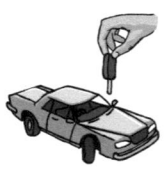

gari la kukodisha

кирояи мошинҳо

kushiriki gari

ҳамроҳ истифодабарии
мошин

lori la kuvuta

эвакуатор

ukusanyaji taka

павтовҷамъкунӣ

motor

муҳаррик

mafuta

сӯзишворӣ

kituo cha mafuta

нуқтаи фурӯши сӯзишворӣ

ishara trafiki

аломати роҳ

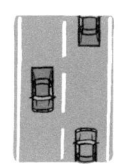

trafiki

ҳаракат

msongamano

бандшавии ҳаракати роҳ

maegesho

ҷои исти мошинҳо

kituo cha treni

истгоҳи роҳи оҳан

reli

роҳи оҳан

garimoshi

қатора

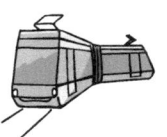

tremu

тамвай

gari la mizigo

вагон

helikopta

чархбол

uwanja wa ndege

фурудгоҳ

mnara

манора

abiria

мусофир

chombo

контейнер

katoni

щутии картонӣ

mkokoteni

ароба

kikapu

сабад

ondoka

гирифтан / замин

jiji

шаҳр

kijiji

деҳа

katikati ya jiji

маркази шаҳр

nyumba

хона

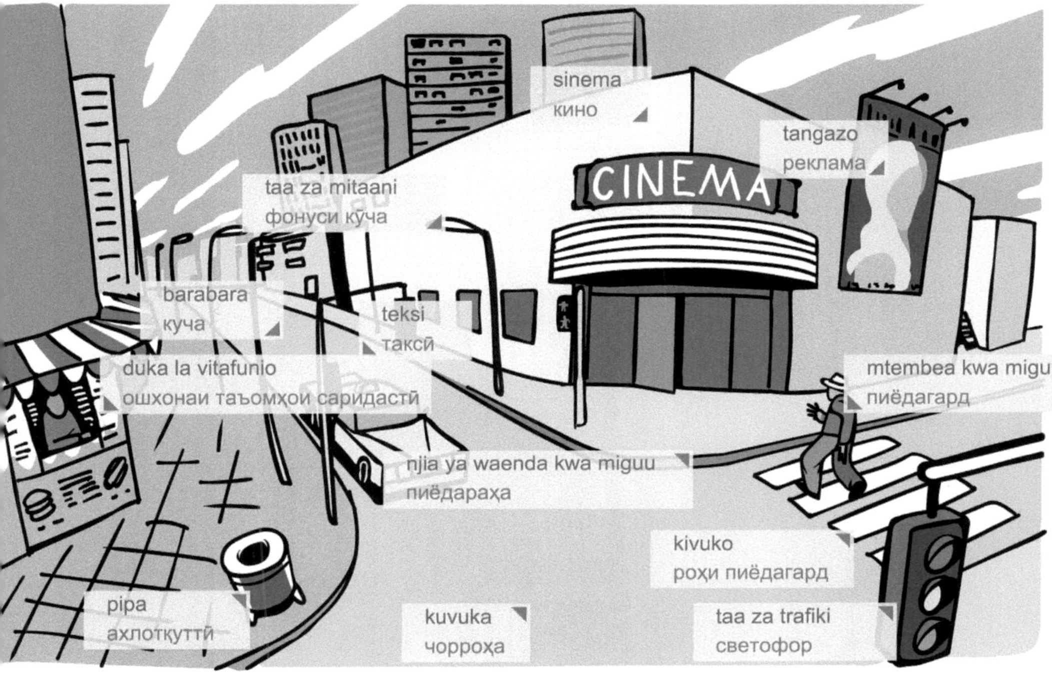

sinema
кино

tangazo
реклама

taa za mitaani
фонуси кӯча

CINEMA

barabara
кӯча

teksi
таксӣ

duka la vitafunio
ошхонаи таъомҳои саридастӣ

mtembea kwa miguu
пиёдагард

njia ya waenda kwa miguu
пиёдараҳа

kivuko
роҳи пиёдагард

pipa
ахлоткуттӣ

kuvuka
чорроҳа

taa za trafiki
светофор

kibanda

кулба

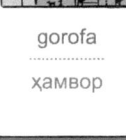

gorofa

ҳамвор

kituo cha treni

истгоҳи роҳи оҳан

ukumbi wa mji

бинои маъмурияти шаҳр

Makavazi

осорхона

shule

мактаб

chuo kikuu

донишгоҳ

benki

бонк

hospitali

бемористон

hoteli

меҳмонхона

duka la dawa

доухона

ofisi

идора

duka la kitabu

сехи китоб

duka

сехи

duka la maua

мағозаи гулфурӯшӣ

dukakuu

супермаркет

soko

бозор

idara ya kuhifadhi

универмаг

mwuza samaki

мағозаи моҳифурӯшӣ

kituo cha ununuzi

маркази савдо

bandari

бандар

Hifadhi

парк

benki

бонк

daraja

пул

vidato

зинапоя

chini ya ardhi

метро

handaki

нақби

kituo cha mabasi

истгоҳи автобус

bar

бар

mgahawa

тарабхона

sanduku la posta

қуттии почта

ishara ya barabara

аломати номи кӯчаҳо

mita ya maegesho

ҳисобкунаки исти мошинҳо

bustani ya wanyama

боғи ҳайвонот

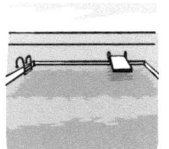

kidimbwi cha kuogelea

ҳавзи шиноварӣ

msikiti

масҷид

shamba
....
ферма

uchafuzi
....
ифлоскунӣ

makaburini
....
қабристон

kanisa
....
калисо

uwanja wa michezo
....
майдончаи бозӣ

hekalu
....
маъбад

mazingira

ландшафт

jani
барг

ishara ya mwelekeo
аломати роҳнамо

njia
роҳ

malisho
алафзор

jiwe
санг

mti
дарахт

mtembeaji wa masafa
сайёҳ

mto
дарё

nyasi
алаф

ua
гул

bonde

водй

kilima

кӯҳ

ziwa

кул

msitu

беша

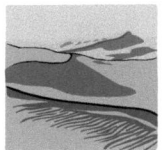

jangwa

биёбон

volkano

вулкан

ngome

қалъа

upinde wa mvua

рангинкамон

uyoga

занбӯруғ

mtende

дарати нахл

mbu

хомӯшак

kuruka

паридан

chungu

мурча

nyuki

занбур

buibui

тортанак

mazingira - ландшафт

mende

гамбӯсак

chura

қурбоққа

kuchakuro

санҷоб

nungunungu

хорпушт

sungura

харгӯш

bundi

бум

ndege

парранда

swan

мурғи қу

nguruwe mwitu

хуки ваҳшй

kulungu

оху

aina ya kongoni

гавазн

bwawa

сарбанд

tabo ya upepo

турбина шамол

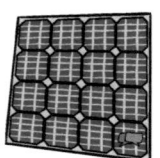

nishaji ya jua

панел офтобй

hali ya hewa

иқлим

mgahawa

тарабхона

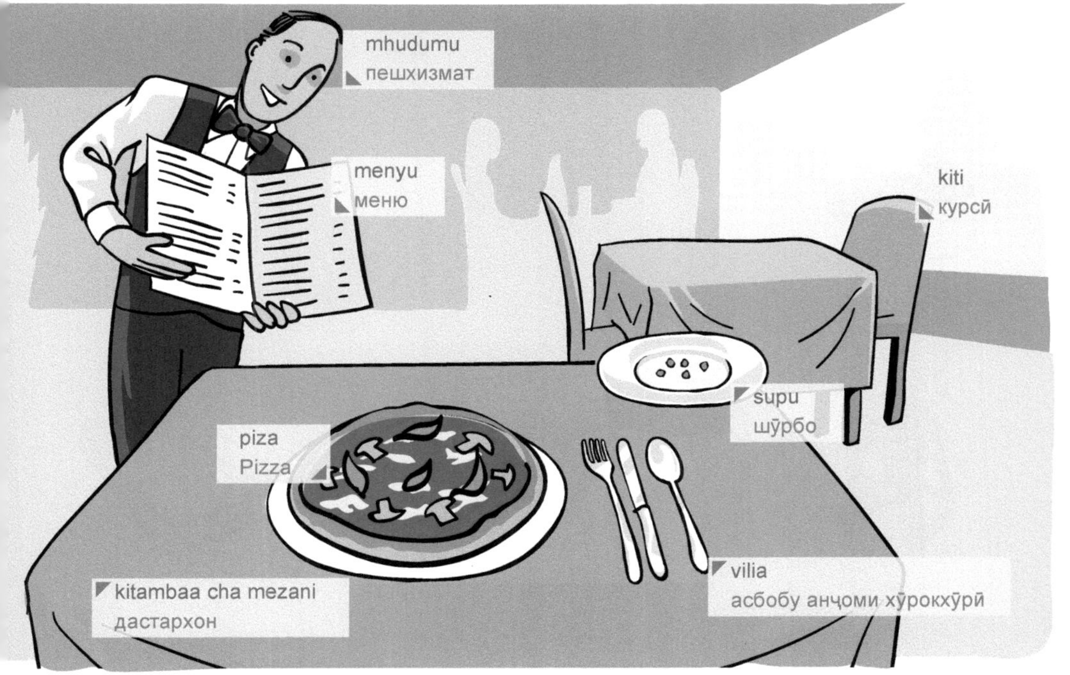
mhudumu
пешхизмат
menyu
меню
kiti
курсӣ
supu
шӯрбо
piza
Pizza
kitambaa cha mezani
дастархон
vilia
асбобу анҷоми хӯрокхӯрӣ

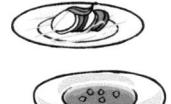

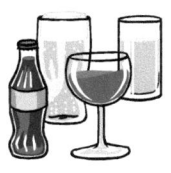

kiamsha hamu

стартер/корандоз

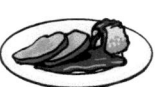

kozi kuu

хӯроки асосӣ

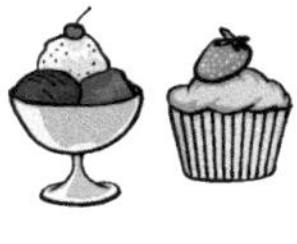

kitindamlo

десерт

vinywaji

нӯшокиҳои

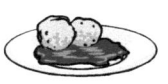

chakula

таъом

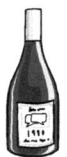

chupa

шиша

chakula cha haraka

Хӯроки Тез Таёр мешуда

Streetfood

хӯроки кӯчагӣ

buli

чойник

kisanduku cha sukari

шакардон

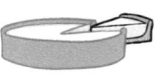

sehemu

қисм/порча

mashine ya espresso

мошини espresso

kiti kirefu

курсии кӯдакона

muswada

ҳисоб

trei

зарфмонак

kisu

корд

uma

чангол

kijiko

қошуқ

kijiko cha chai

қошуқча

nepi

сачоқи қоғазӣ

glasi

истакон

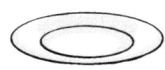

sahani
табақча

sahani ya supu
косача

sufuria
тақсимча

mchuzi
соус

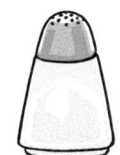

kichanyaji chumvi
намакдон

kinu cha pilipili
мурчдон

siki
сирко

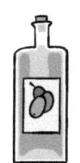

mafuta
равғани растанӣ

viungo
приправа

kechapu
кетчуп

haradali
хардал

kachumbari nzito
майонез

dukakuu

супермаркет

ofa maalum
пешниҳоди махсус
FOR
mteja
мизоҷ
maziwa
шир
matunda
мева
toroli
аробача

BUTCHERS

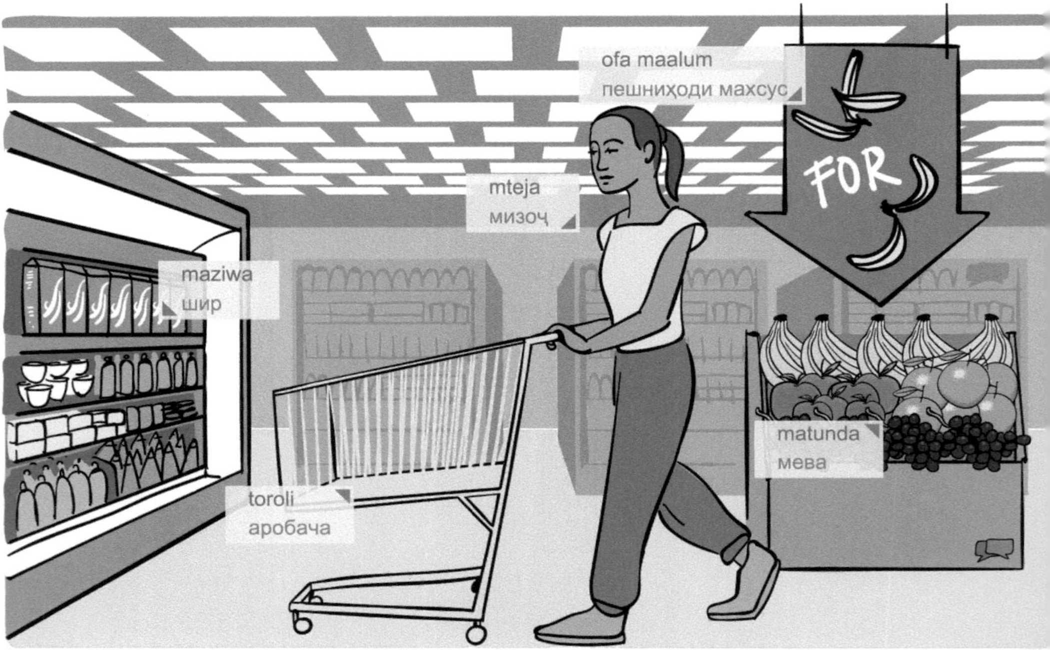

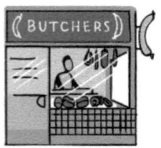

mchinjaji

дукони гўштфурўшӣ

BAKERY

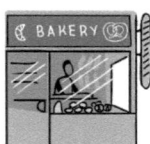

mwokaji

дукони нонфурўшӣ

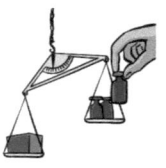

uzito

баркашидан

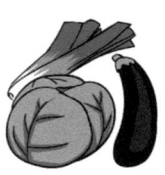

mboga

сабзавот

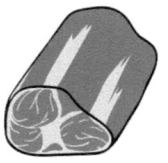

nyama

гўшт

chakula waliohifadhiwa

хўроки яхбаста

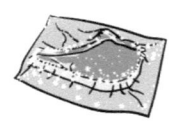

vipande vya nyama baridi

ɣилимҳои борик буридаи гушт

chakula cha kopo

озуқаворӣ консервонидашуда

sabuni ya unga

хокаи либосшӯй

pipi

ширинӣ

bidhaa za kaya

асбоби рӯзгор

bidhaa za kusafisha

воситаҳои тозакунанда

mtu mauzo

фурӯшанда

mpaka

касса

keshia

кассир

orodha ya manunuzi

рӯихати харидкунӣ

masaa ya ufunguzi

соат ифтитоҳи

mkoba

ҳамён

kadi

корти кредитӣ

mfuko

ҷуздо

mfuko wa plastiki

пакет

maji

об

sharubati

шарбат

maziwa

шир

coke

кола

mvinyo

шароб

bia

оби ҷав

pombe

машрубот

kakao

какао

chai

чой

kahawa

қаҳва

spreso

эспрессо

kapuchino

каппучино

ndizi

банан

tufaha

себ

machungwa

норанчй

tikiti

харбуза

lemon

лимӯ

karoti

сабзй

kitunguu saumu

сир

mianzi

бамбук

kitunguu

пиёз

uyoga

занбӯруғ

karanga

чормағз

nudo

угро

spageti

спагеттй

mpunga

биринҷ

saladi

салат

vibanzi

картошкаи қоқак

viazi vya kukaanga

картошкабирён

piza

Pizza

hambaga

гамбургер

sandwichi

бутербурод

kipande

шнитсел

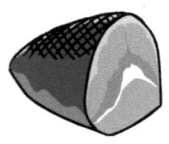

paja la mnyama

гӯшти намакардаи хук

salami

ҳасиби салямй

soseji

ҳасиб

kuku

мурғ

choma

кабоб

samaki

моҳй

oats ya uji

ярмаи ҷав

muesli

омехтаи ғалладонагӣ

cornflakes

ярмаи ҷуворимакка

unga

орд

kroisanti

кулчақанд

andazi

кулчақанд

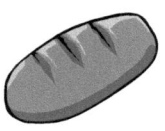

mkate

нон

mkate wa kubanika

як порча нони бирён

biskuti

кулчачаҳои қандин

siagi

маска

maziwa mgando

творог

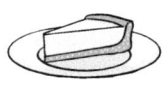

keki

пирог

yai

тухм

yai kukaanga

тухм бирён

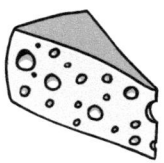

jibini

панир

aiskrimu

яхмос

sukari

шакар

asali

асал

jemu

мураббо

kuenea kwa chokoleti

хамираи ҳалво

mchuzi wa viungo

Curry

shamba
ферма

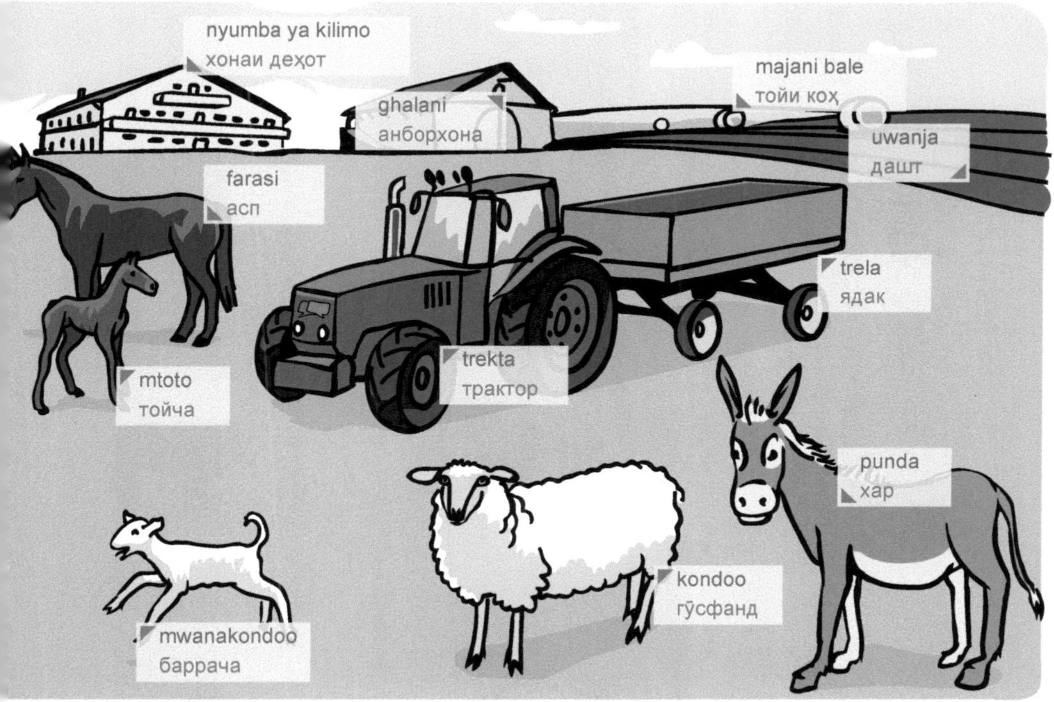
nyumba ya kilimo
хонаи деҳот
majani bale
тойи коҳ
ghalani
анборхона
uwanja
дашт
farasi
асп
trela
ядак
trekta
трактор
mtoto
тойча
punda
хар
kondoo
гӯсфанд
mwanakondoo
баррача

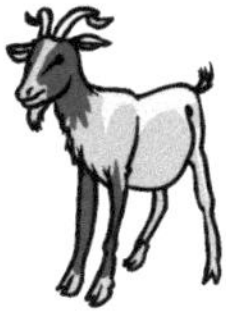

mbuzi
буз

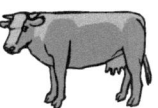

ng'ombe
гов

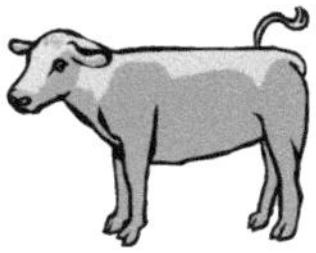

ndama
гӯсола

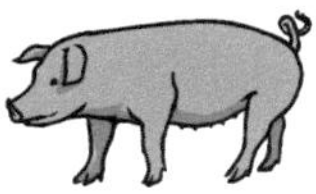

nguruwe
хук

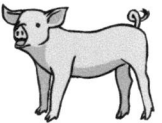

mwananguruwe
хукча

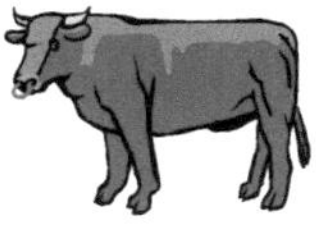

fahali
буққа

batabukini

қоз

bata

мурғобӣ

kifaranga

чӯҷа

kuku

мурғ

jogoo

хурӯс

panya

каламуш

paka

гурба

panya

муш

ng'ombe

барзагов

mbwa

саг

nyumba ya mbwa

хоначаи саг

bomba la bustani

рӯдаи резинӣ

debe la kumwagilia maji

камобӣ метавонад

fyekeo

дос

kulima

сипори шудгоркунии замин

mundu

доси

jembe

каланд

uma wa nyasi

панҷшоха

shoka

табар

toroli

ароба

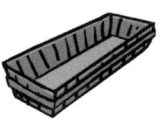

kupitia nyimbo

охур

chombo cha maziwa

зарфи шыргырй

gunia

халта

ua

девор

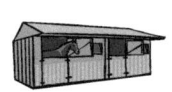

imara

мӯътадил

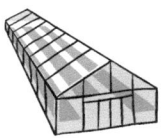

chafu

гармхона

udongo

хок

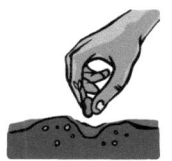

mbegu

тухмй

mbolea

нуриҳо

kivunaji

комбайни ғаллағундорӣ

mavuno

ҳосил

mavuno

ҳосил

viazi vikuu

yams

ngano

гандум

soya

лубиж

viazi

картошка

mahindi

ҷуворй

rapa

донаи маъсар

mti wa matunda

дарахти мева

muhogo

manioc

nafaka

ғалладона

nyumba

хона

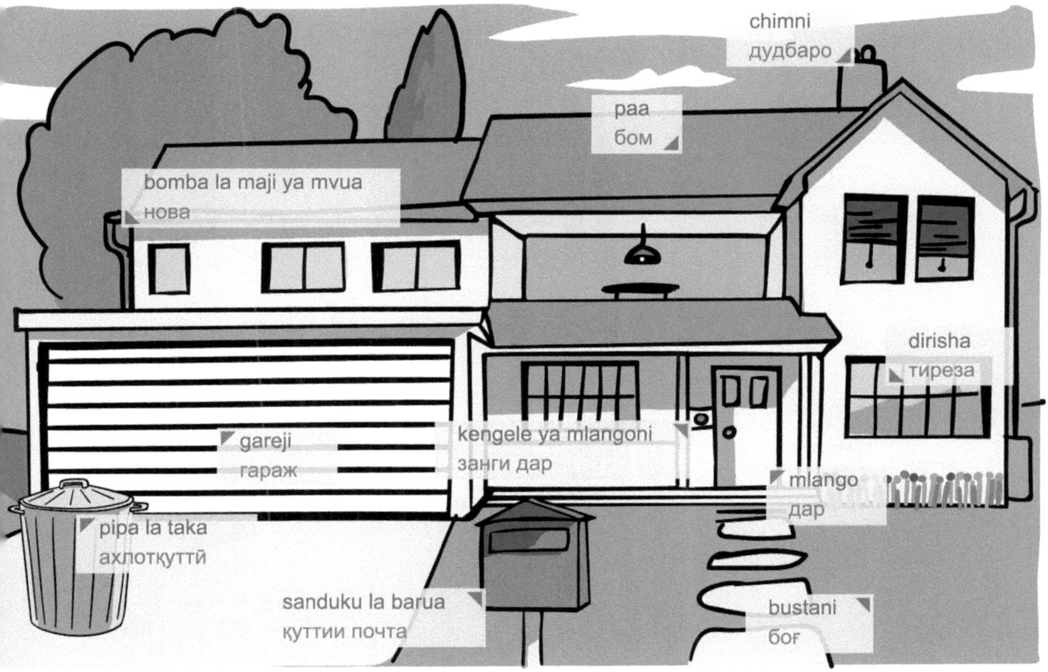
chimni
дудбаро
paa
бом
bomba la maji ya mvua
нова
dirisha
тиреза
gareji
гараж
kengele ya mlangoni
занги дар
mlango
дар
pipa la taka
ахлотқуттӣ
sanduku la barua
қуттии почта
bustani
боғ

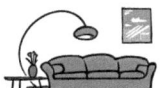

sebuleni

мехмонхона

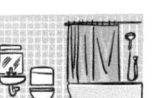

bafu

ҳамом

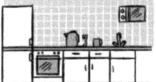

jikoni

ошхона

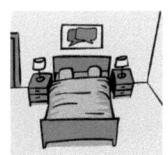

chumba cha kulala

хонаи хоб

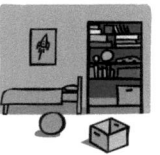

chumba ya mtoto

ҳуҷраи кӯдакона

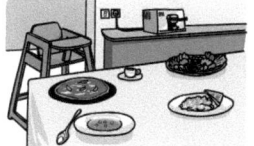

chumba cha kulia

ошхона

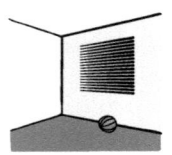

sakafu

ошёна

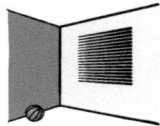

ukuta

девор

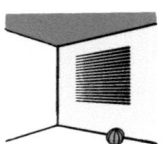

dari

шифт

pishi

тагзаминӣ

sauna

сауна

roshani

балкон

mtaro

суфача

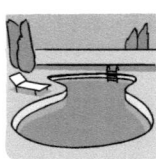

kidimbwi

ҳавз

mashine ya kukata nyasi

мошини алафдарав

karatasi

варақ

kitambaa cha kupamba
kitanda

кампал

kitanda

кат

ufagio

ҷорӯб

ndoo

сатил

kubadili

калид

sebuleni

мехмонхона

mandhari
зардеворӣ
picha
расм
taa
лампа
rafu
рафи китобмонӣ
kabati
ҷевони зарфҳо
televisheni/runinga
телевизор
mekoni
оташдон
ua
гул
mto
болишт
sofa
диван
chombo cha maua
гулдон
kitenzambali
пулт

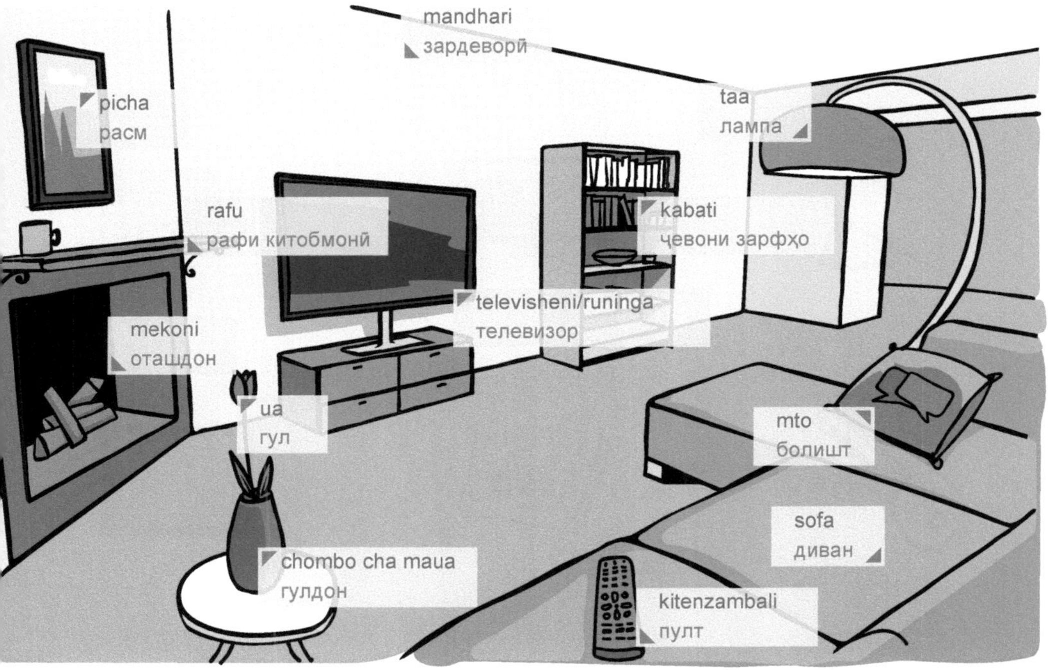

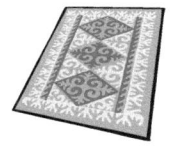

zulia

қолин

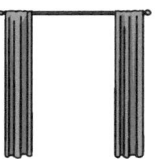

pazia

парда

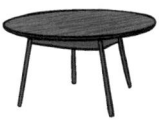

meza

мизи

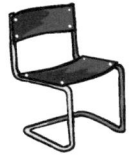

kiti

курсӣ

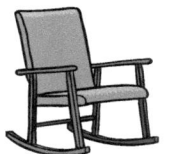

kiti cha bembea

rocking кафедраи

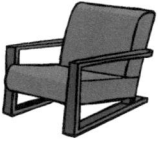

armchair

курсӣ

kitabu

китоб

blanketi

курпа

mapambo

ороиш

kuni

ҳезум

filamu

филм

kifaa cha hi-fi

дастгоҳи hi-fi

ufunguo

калид

gazeti

рӯзнома

uchoraji

расм

bango

эълон

redio

радио

daftari

китобчаи қайдҳо

kifyonza

чангкашак

dungusi kakati

кактус

mshumaa

шам

jikoni
ошхона

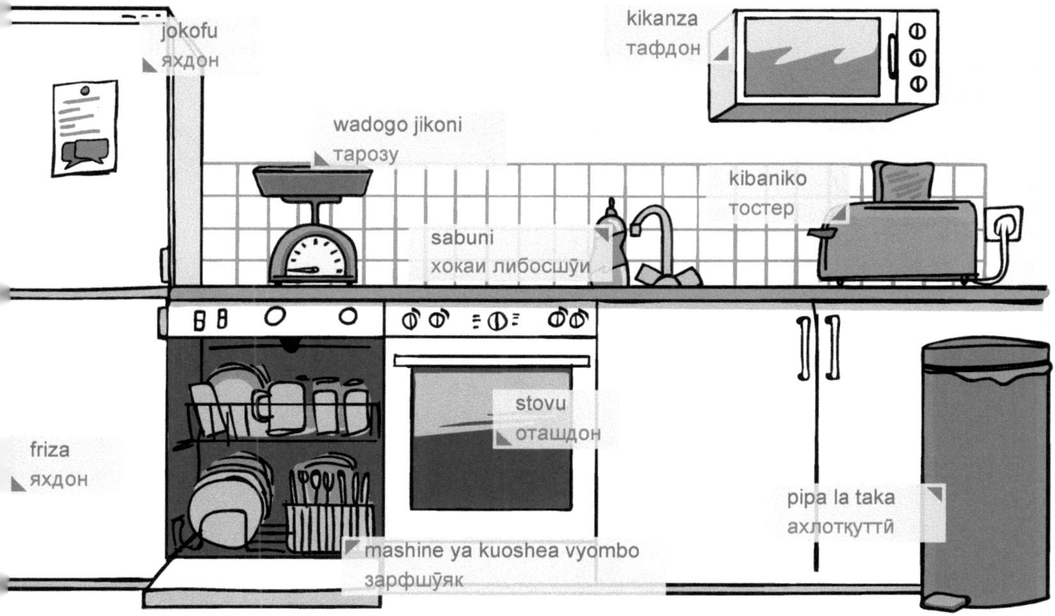
jokofu
яхдон
kikanza
тафдон
wadogo jikoni
тарозу
kibaniko
тостер
sabuni
хокаи либосшӯи
stovu
оташдон
friza
яхдон
pipa la taka
ахлотқуттӣ
mashine ya kuoshea vyombo
зарфшӯяк

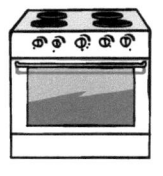

jiko la kupika

плита

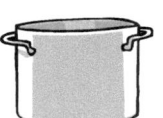

chungu

тубак

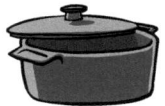

sufuria ya chuma

дег

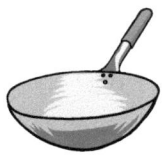

wok / kadai

дег / кадй

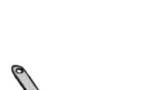

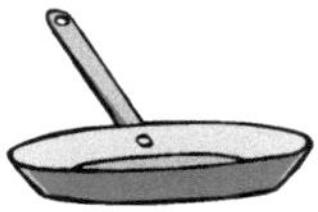

kaango

тоба

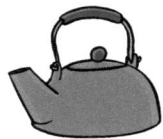

birika

чойник

stima

steamer

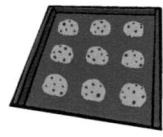

sinia ya kuoka

лист

vyombo vya udongo

зарф

kombe

кружка

bakuli

коса

vijiti vya kulia

чубаки хурокхӯрӣ

ukawa

кафлези

mwiko mpana

кафлези ҳамвор

burashi

whisk

kichujio

strainer

chujio

элак

mbuzi

турбтарошак

chokaa

миномет

barbeque

Кабоб Кардан

moto wazi

оташ кушод

ubao wa majaribio

тахтаи резакунӣ

kijiti cha kusukuma unga

чӯба

kizibuo

пӯккашак

kopo

банка

inaweza kopo

консервокушояк

kishikio cha chungu

дастак

karo

дастшӯяк

brashi

чӯтка

sifongo

исфанҷ

kisagaji matunda

блендер

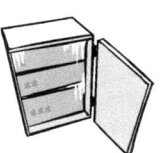

friji ya kina

сармодон

chupa ya mtoto

шишача

bomba

чумак

bafu

ҳамом

joto
гармидиҳӣ
mfereji wa kuogea
душ
taulo
сачоқ
pazia la kuogea
пардаи душ
maji ya kuoga yenye povu
ваннаи кафкдор
hodhi
ванна
glasi
истакон
mashine ya kuosha
мошини ҷомашӯӣ
bomba
ҷумак
vigae
фарши кошинкорӣ
poti
тубак
karo
дастшӯяк

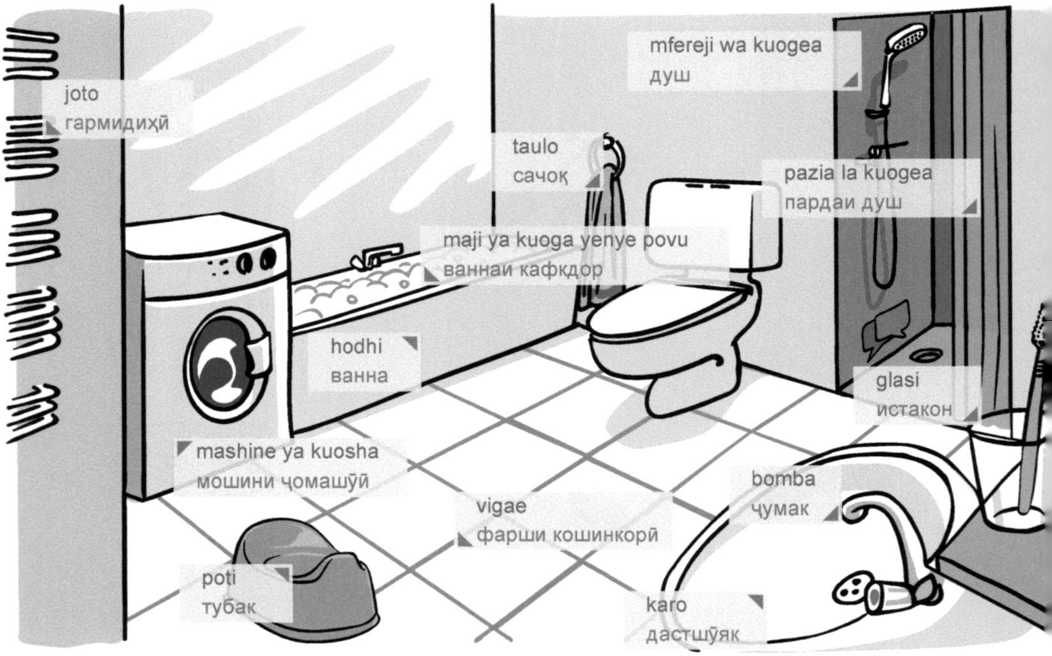

choo

ҳоҷатхона

choo cha squat

нишастгоҳи халоҷои рӯйфаршӣ

beseni la mviringo

биде

choo cha umma

ҳоҷатхонаи мардона

shashi

коғази ташноб

brashi ya choo

чӯткаи ҳоҷатхона

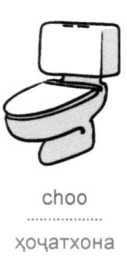

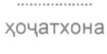

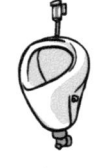

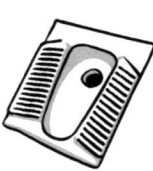

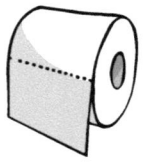

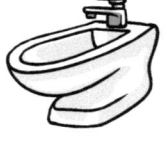

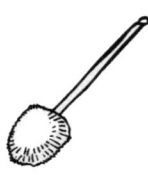

mswaki

дандоншӯяк

dawa ya meno

хамираи дандоншӯи

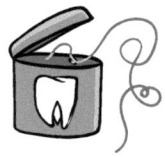

dawa ya meno

риштаи дандонтозакунӣ

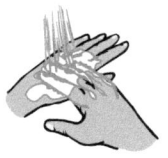

safisha

шӯстан

kuoga mkono

души дастӣ

msukumo wa maji

обшӯй

bonde

ҳавза

mpako wa pili

шона кардани мӯй

sabuni

собун

jeli ya kuogea

гел барои душ

shampuu

шампун

flana

бумазӣ

toa maji

заҳкаш

krimu

крем

kiondoa harufu

дезодорант

kioo

оина

kioo mkono

оинаи дастӣ

kinyozi

риштарошаки барқи

povu la kunyoa

кафк барои риштарошӣ

baada ya kunyoa

оби мушкини баъди
риштарошӣ

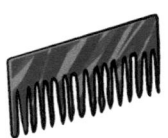

kichana

шона

brashi

чӯтка

kikausha nywele

мӯйхушкунак

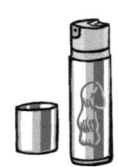

marashi ya nyewele

лак барои мӯй

vipodozi

косметика

kidomwa

лабсурхкунак

varnish ya msumari

лок барои нохун

pamba

пахта

mkasi wa kucha

қайчии нохунгирӣ

manukato

атриёт

mkoba wa kuosha
....
ҷузвдони косметики

kinyesi
....
қазои ҳоҷат

mizani
....
тарозу

nguo ya kuoga
....
хилъат

glavu za mpira
....
дастпӯшак резина

kisodo
....
тампон

sodo
....
дастмоли санитарй

kemikali choo
....
био-ҳоҷатхона

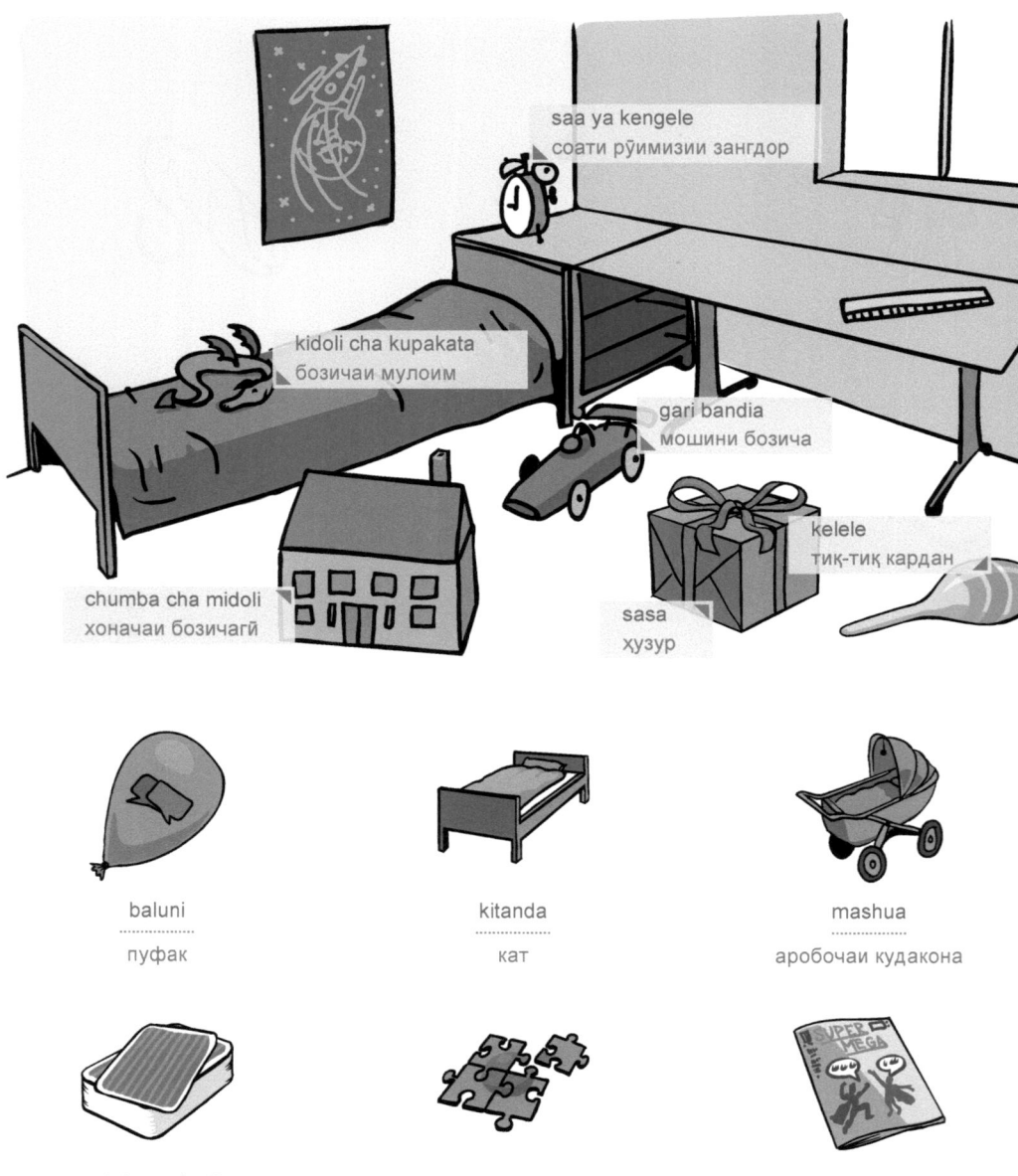

saa ya kengele
соати рӯимизии зангдор

kidoli cha kupakata
бозичаи мулоим

gari bandia
мошини бозича

kelele
тиқ-тиқ кардан

chumba cha midoli
хоначаи бозичагӣ

sasa
ҳузур

baluni	kitanda	mashua
пуфак	кат	аробочаи кудакона
staha ya kadi	mchezo-fumb	vichekesho
маҷмӯи кортҳо	бозии муамоёбӣ	комикс

matofali lego

хиштҳои лего

vitalu mwigo

мағозаи бозичафурӯхтан

hatua takwimu

рақам амал

suti ya kulalia

либоси ғаваккашӣ

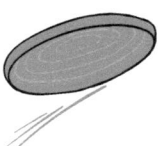

kisahani

фрисби

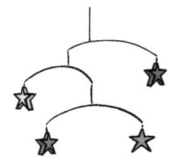

simu

мобилӣ

ubao wa michezo

лавҳачаи бозӣ

kete

кубик

garimoshi mwigo

маҷмӯи модели қатора

dummy

пистонак

chama

ҳизб

picha kitabu

китоби расм

mpira

тӯб

kikaragosi

лӯхтак

kucheza

бози кардан

shimo la mchanga

қуттии peг

bembea

арғунчак

vitu bandia

бозича

kiweko cha video ya mchezo

консоли бозиҳои видеой

baiskeli ya magurudumu

велосипеди сечарха

matatu

mwanasesere

хирсаки бахмалии патдор

kabati

чевон

soksi

чуроб

stokingi

чуроби соқбаланд

kibano

колготки

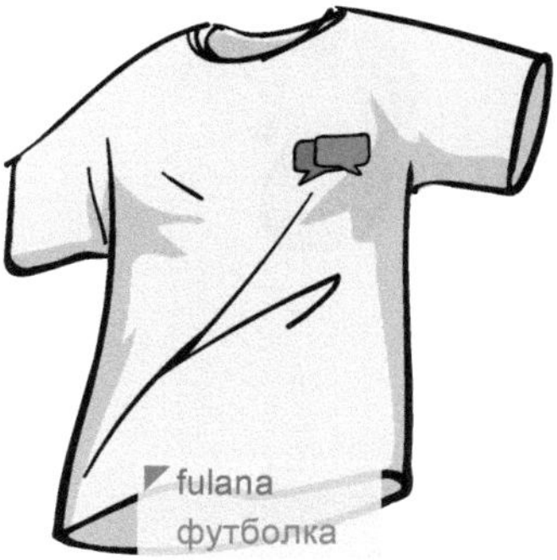

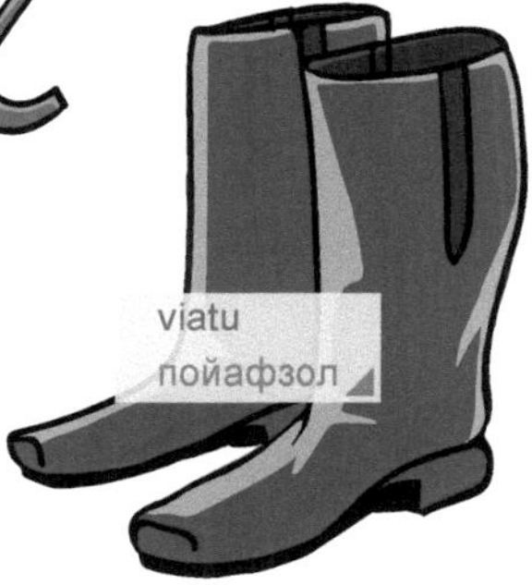

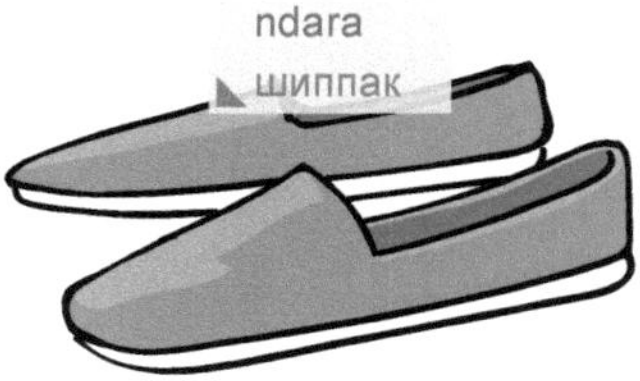

skafu
гарданпеч

ukanda
тасма

mwavuli
чатр

fulana
футболка

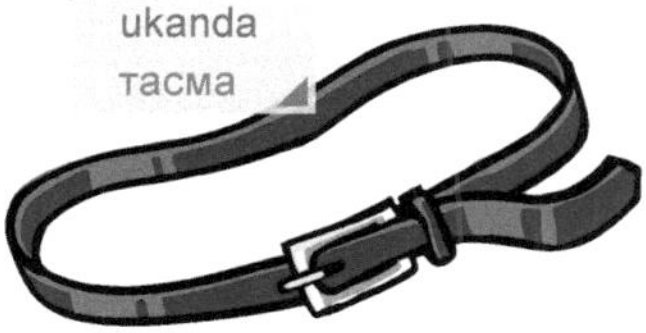

viatu
пойафзол

ndara
шиппак

wakufunzi
кроссовки

malapa

босоножкй

viatu

пойафзол

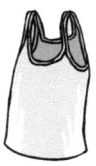

mabuti ya mpira

музаи резинй

suruali ya ndani

турсй

sidiria

синабанд

fulana

майка

nguo - либос

45

mwili
бадан

suruali
шим

dangirizi
ҷинс

sketi
юбка

blauzi
куртаи нимтаи занона

shati
курта

vuta
свитер

sweta
свитер

bleza
пиҷак

jaketi
нимтана

koti
палто

koti la mvua
плаш

maleba
костюм

gauni
куртаи занона

mavazi ya harusi
либос тӯйи

suti

костюм

vazi la usiku

куртаи хоб

pajama

пижама

sari

Сари

skafu

рӯймол

kilemba

салла

burka

ниқобу

kaftan

кафтан

abaya

абая

vazi la kuogelea

либоси обозӣ

vazi la kiume la kuogelea

эзорчаи шиноварии мардона

kaptura

шорти

teitei

либоси варзишӣ

aproni

пешбанд

glavu

дастпӯшак

kifungo

тугма

glasi

айнак

bangili

дастпона

mkufu

гарданбанд

pete

ангуштарин

herini

гӯшвора

kofia

кулоҳ

kiango cha koti

либосовезак

kofia

кулоҳ

tai

галстук

zipu

занҷирак

kofia

тоскулоҳ

kanda za suruali

шимбардор

sare za shule

либоси мактабй

sare

либоси

bibu
пешгир

dummy
пистонак

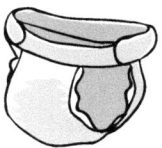

nepi
подгузник

ofisi

идора

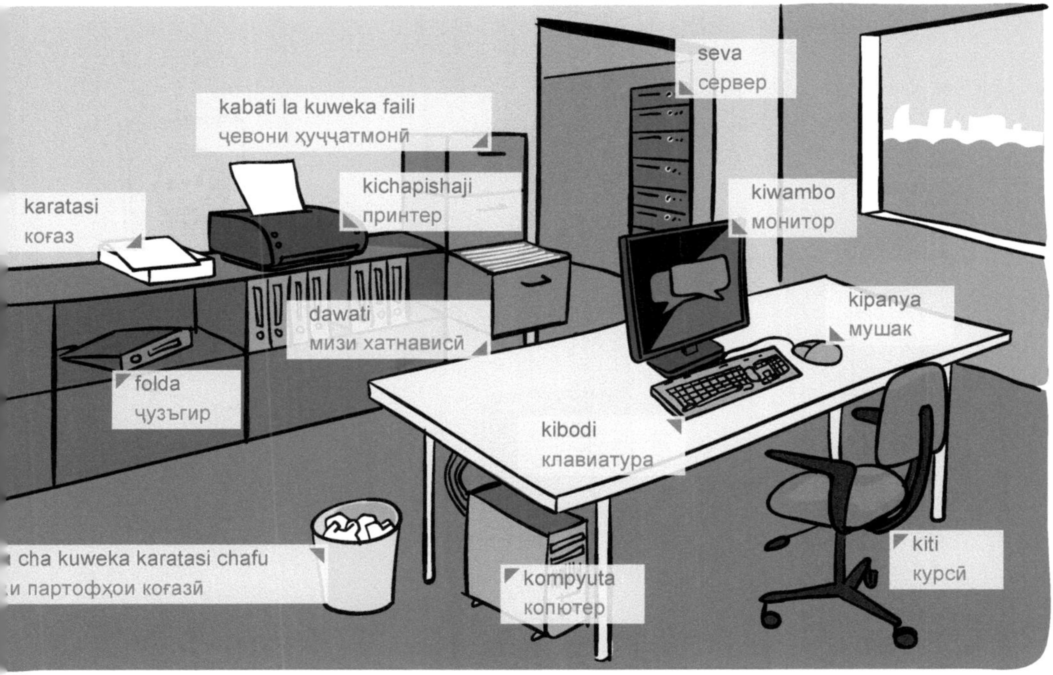

karatasi
коғаз

kabati la kuweka faili
чевони ҳуҷҷатмонӣ

kichapishaji
принтер

seva
сервер

kiwambo
монитор

dawati
мизи хатнависӣ

folda
ҷузъгир

kipanya
мушак

kibodi
клавиатура

kiti
курсӣ

cha kuweka karatasi chafu
ни партофҳои коғазӣ

kompyuta
копютер

kmobe la kahawa

кружкаи қаҳванӯшӣ

kikokotoo

калкулятор

biashara

интернет

mbali

ноутбук

barua

мактуб

ujumbe

хабар

rununu

телефони мобилӣ

intaneti

шабака

fotokopia

нусхабардор

programu

нармафзор

simu

телефон

soketi

розетка

kipepesi

факс

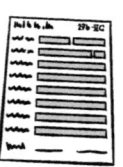

fomu

шакл

hati

ҳуҷҷат

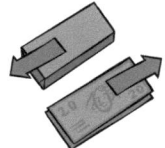

kununua

харидан

kulipa

пардохт

biashara

савдо

fedha

пул

 **USD**

dola

доллар

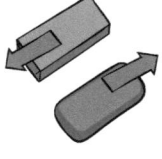 **EUR**

yuro

евро

JPY

yeni

йен

RUB

rouble

рубл

CHF

faranga ya Uswisi

франки швейцариягӣ

CNY

renminbi yuan

юан

INR

rupia

рупӣ

eneo la kulipia

нуқтаи нақд

ofisi ya ubadilishanaji

нуқтаи мубодилаи асъор

dhahabu

тилло

fedha

нуқра

mafuta

равғани растанӣ

nishati

энерги

bei

нарх

mkataba

шартнома

kodi

андоз

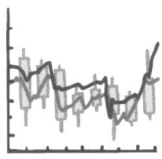

bidhaa

саҳмия

kazi

кор

mfanyakazi

хизматчӣ

mwajiri

соҳибкор

kiwanda

завод

duka

сехи

kazi
касбҳо

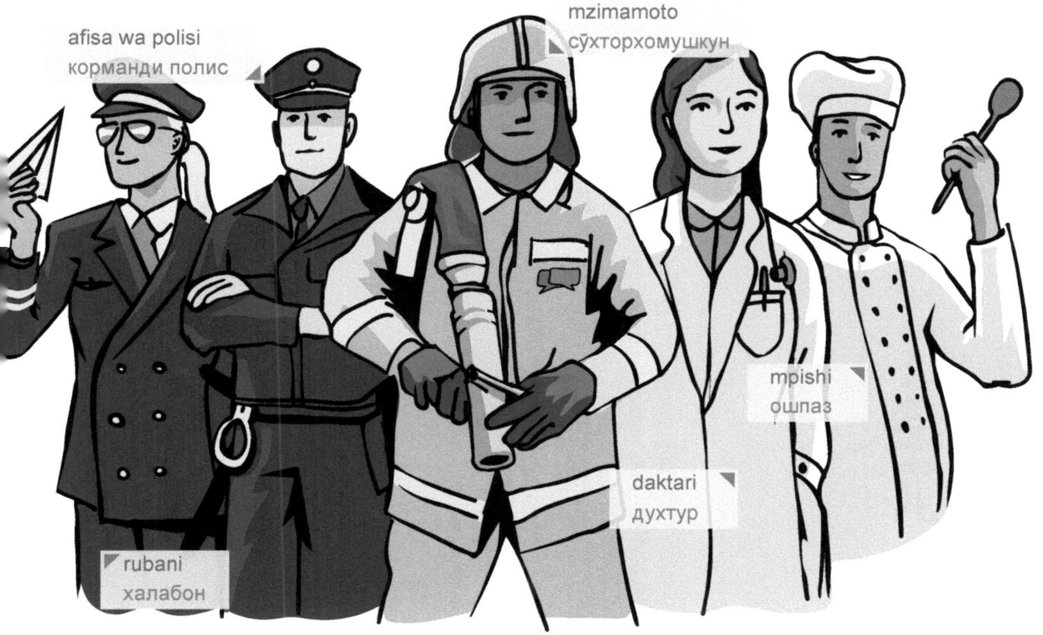
afisa wa polisi
корманди полис
mzimamoto
сӯхторхомушкун
mpishi
ошпаз
daktari
духтур
rubani
халабон

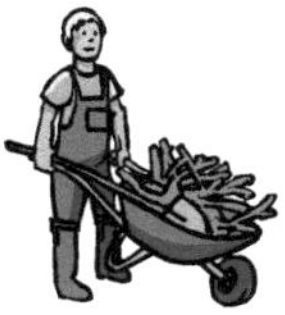

mtunza bustani

боғбон

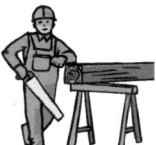

seremala

чӯбтарош

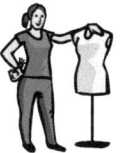

mshonaji

дӯзанда

hakimu

судя

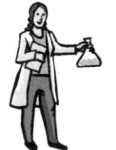

mwanakemia

кимиёшинос

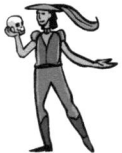

muigizaji

актер

dereva wa basi

ронандаи автобус

dereva wa teksi

таксист

mvuvi

моҳигир

mwanamke wa kusafisha

фаррошзан

mwezekaji

устои бомпӯш

mhudumu

пешхизмат

mwindaji

шикорчӣ

mchoraji

расом

mwokaji

нонвой

umeme

барқ

mjenzi

сохтмончӣ

mhandisi

инженер

mchinjaji

қассоб

fundi bomba

устои шабакаи об

mwanaposta

хаткашон

mwanajeshi

сарбоз

msanifu majengo

меъмор

keshia

кассир

muuza maua

гулфурӯш

msusi

сартарош

kondakta

кондуктор

mekanika

механик

nahodha

капатан

daktari wa meno

духтури дандон

mwanasayansi

олим

rabbi

хохом

imamu

имом

mtawa

шайх

kasisi

саркоҳин

zana
асбобҳо

koleo
анбӯри паҳннӯл
nyundo
болғача
bisibisi
мурваттобак
kurunzi
фонуси дастӣ
spana
калиди гайкатобӣ

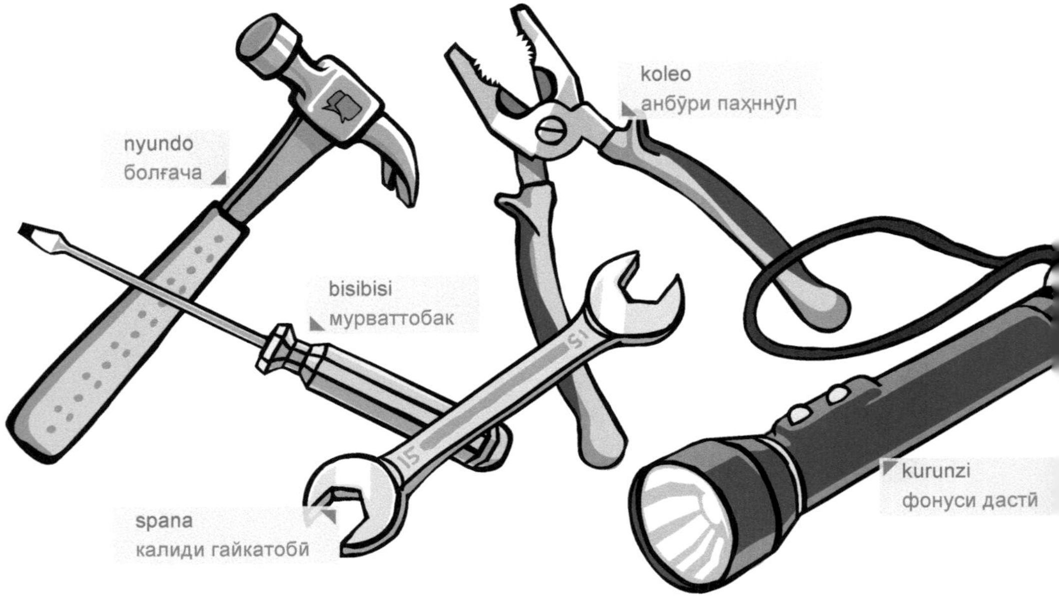

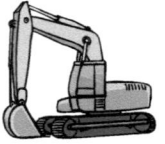

mchimbaji

экскаватор

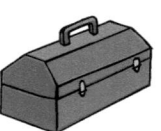

sanduku la vifaa

қутии асбобҳо

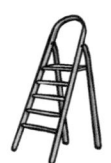

ngazi

зинапоя

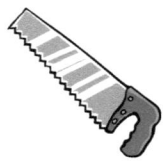

msumeno

арра

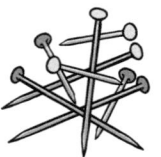

misumari

мехҳо

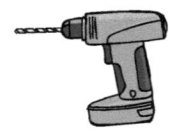

kuchimba visima

пармаи электрикӣ

kukarabati

таъмир

sepetu

бел

Lo!

Сабил монад!

kishikio cha uchafu

белчаи хокрӯбагирӣ

chungu cha rangi

сатили ранг

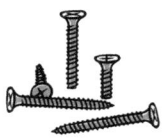

skurubu

мехи печдор

ala za muziki
асбобҳои мусиқӣ

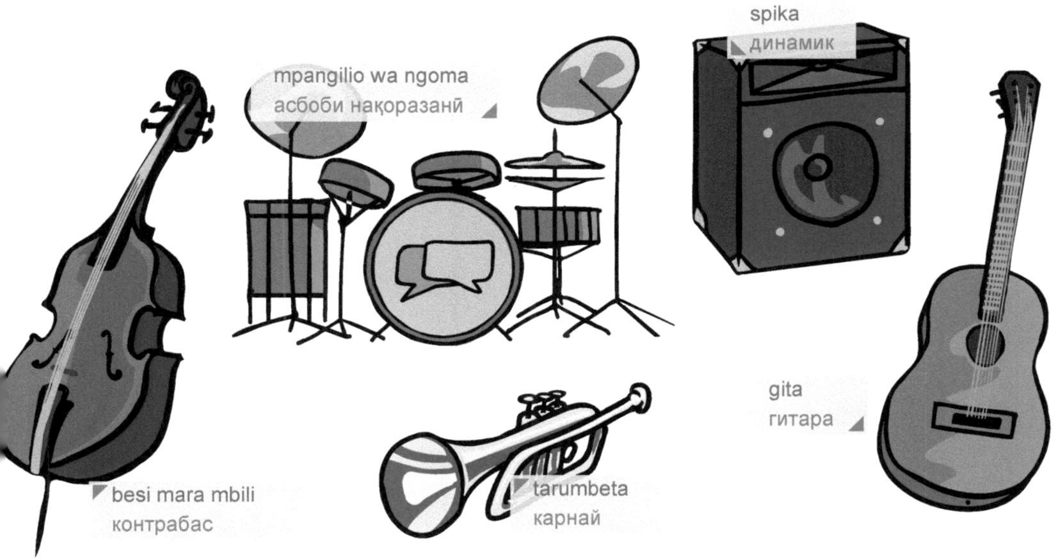

spika
динамик

mpangilio wa ngoma
асбоби нақоразанӣ

gita
гитара

besi mara mbili
контрабас

tarumbeta
карнай

piano

пианино

fidla

ғиҷҷак

ubeji

бас-гитара

timpani

нақораи поядор

ngoma

нақора

kibodi

клавиатура

saksafoni

саксофон

filimbi

най

maikrofoni

баландгӯяд

bustani ya wanyama

боғи ҳайвонот

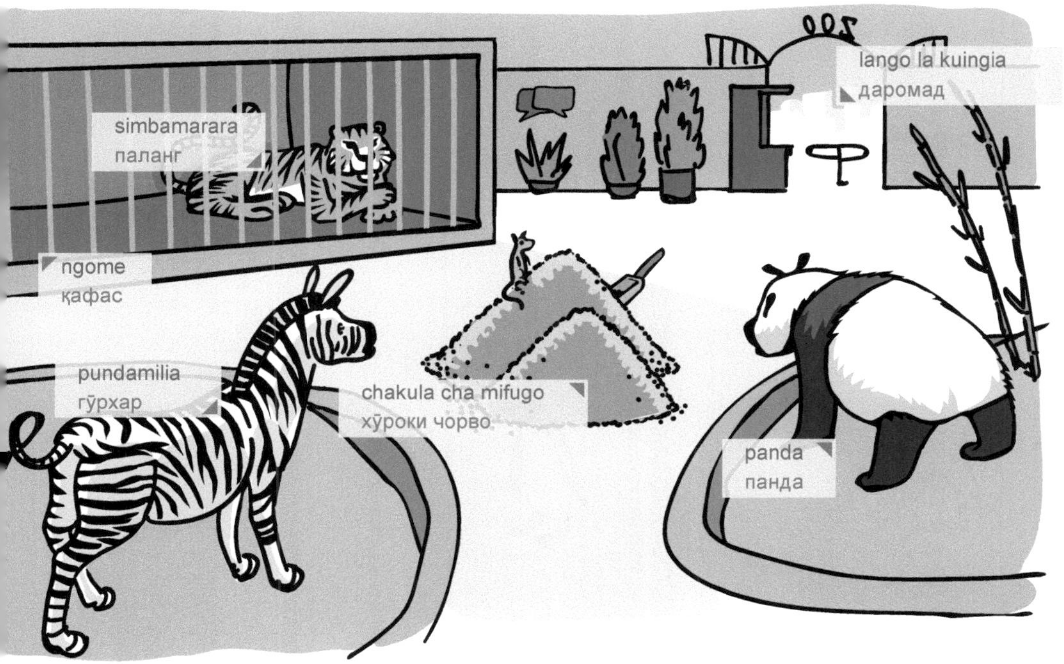

simbamarara
паланг
ngome
қафас
pundamilia
гӯрхар
chakula cha mifugo
хӯроки чорво
lango la kuingia
даромад
panda
панда

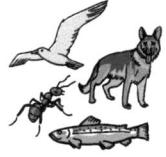

wanyama

ҳайвонот

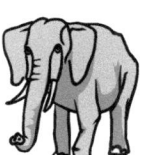

tembo

фил

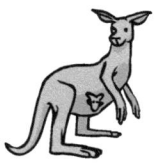

kangaruu

кенгуру

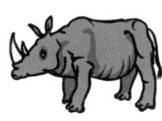

kifaru

каркадан

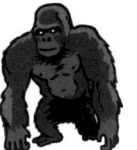

sokwe

горилла

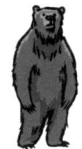

dubu

хирси бӯр

ngamia

шутур

mbuni

шутурмурғ

simba

шер

tumbili

маймун

heroe

бутимор

kasuku

тӯти

dubu

хирси сафед

penguini

пингвин

papa

наҳанг

tausi

товус

nyoka

мор

mamba

тимсоҳ

mtunza wanyama

посбон

muhuri

сил

jaguar

ягуар

mwanafarasi

аспи кӯтоҳқад

chui

леопард

kiboko

баҳмут

twiga

заррофа

tai

уқоб

nguruwe mwitu

хуки ваҳшӣ

samaki

моҳӣ

kobe

сангпушт

sili

морж

mbweha

рӯбоҳ

paa

ғизол/оху

soka ya marekani
футболи амрикои

uendeshaji baiskeli
велосипедронӣ

tenisi
теннис

mpira wa kikapu
баскетбол

kuogelea
шиноварӣ

ndondi
бокс

magongo ya barafuni
хоккей

soka
футбол

vinyoya
бадминггон

riadha
атлетика

mpira wa mikono
гандбол

skii
лижаронӣ

polo
тӯббозӣ бо асп

cheka
ханда

kuruka
паридан

kumbatia
оғӯш гирифтан

kutembea
пиёда рафтан

kuimba
шеър хондан

ota ndoto
орзӯ кардан

kuomba
ибодат кардан

busu
бӯса кардан

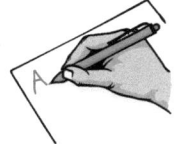

kuandika

навиштан

kuteka

кашидан

angalia

нишон додан

sukuma

тела додан

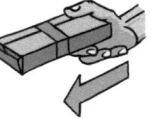

kutoa

додан

kuchukua

гирифтан

kuwa

доранд

fanya

кор

kuwa

бошад

kusimama

истодан

kukimbia

давидан

vuta

кашидан

kutupa

партофтан

kuanguka

афтидан

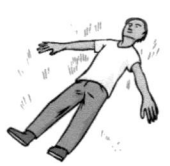

hadaa

дароз кашидан

kusubiri

интизор шудан

kubeba

бардошта бурдан

kukaa

нишастан

vaa nguo

либос пӯшидан

usingizi

хобин

kuamka

бедор шудан

kuangalia

нигоҳ кардан

lia

гиря кардан

kiharusi

сила кардан

chana nywele

шона

ongea

гап задан

kuelewa

фаҳмидан

kuuliza

пурсидан

kusikiliza

гӯш кардан

kunywa

нӯштдан

kula

хӯрдан

nadhifisha

ғундоштан

upendo

ишқ

mpishi

ошпаз

gari

рондан

kuruka

парвоз кардан

meli

бо бодбон ҳаракат кардан

kokotoa

ҳисоб кардан

kusoma

хондан

kujifunza

омӯхтан

kazi

кор

kuoa

оиладор шудан

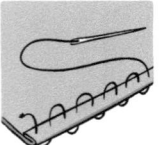

kushona

дӯхтан

piga mswaki

дадон шӯстан

kuua

куштан

moshi

дуд

kutuma

фиристодан

familia

оила

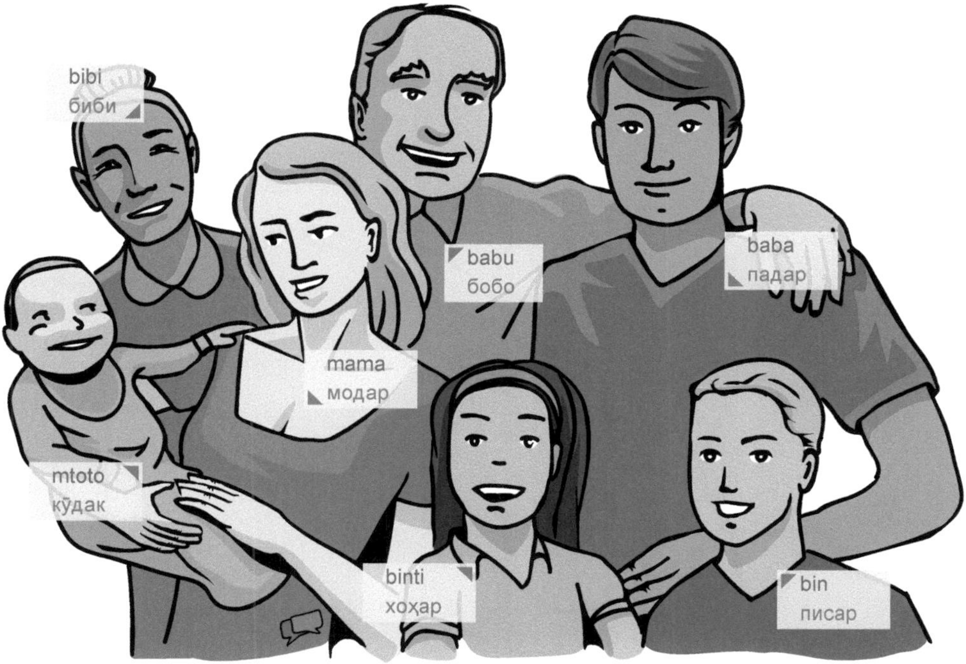

bibi
биби
babu
бобо
baba
падар
mama
модар
mtoto
кӯдак
binti
хоҳар
bin
писар

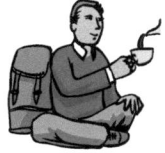

mgeni

меҳмон

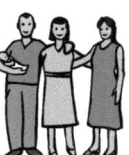

shangazi

хола

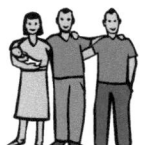

mjomba

амак

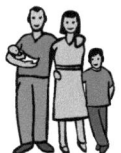

kaka

бародар

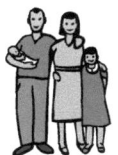

dada

хоҳар

mwili

бадан

paji la uso
пешонӣ
jicho
чашм
bega
китф
kidole
ангушт
uso
рӯй
kidevu
манаҳ
mkono
панҷаи даст
mguu
пой
matiti
қафаси сина
mkono
даст

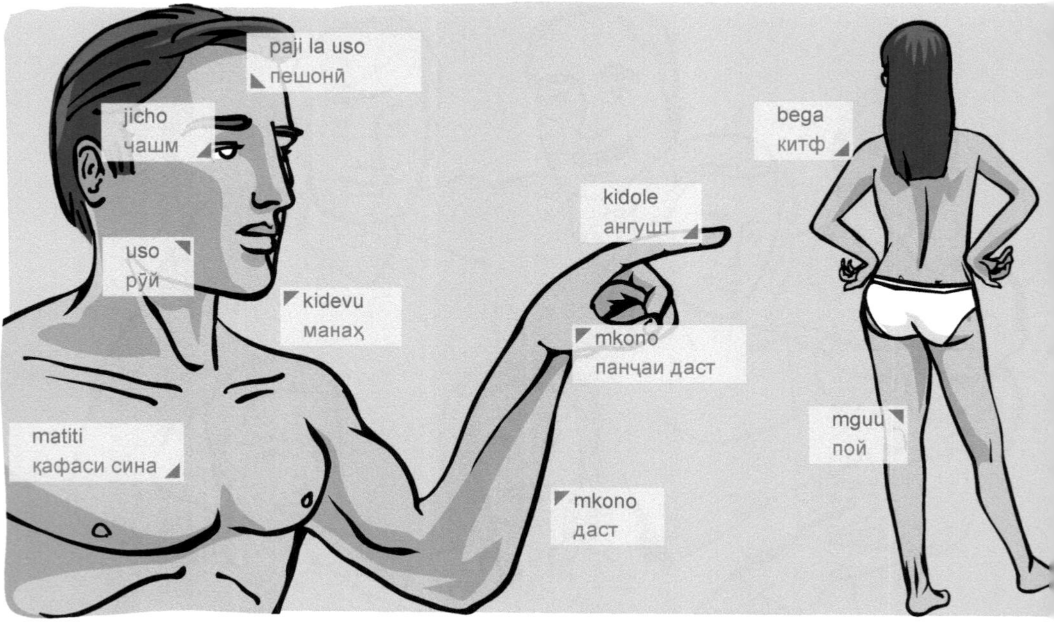

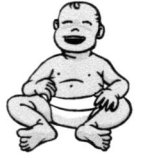

mtoto

кӯдак

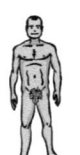

mwanamume

мард

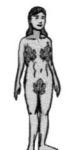

mwanamke

зан

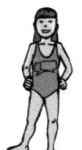

msichana

духтар

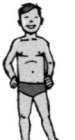

mvulana

писар

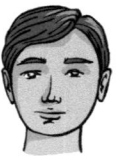

kichwa

сар

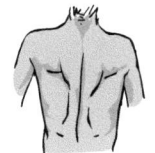

nyuma

пушт

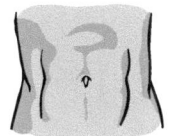

tumbo

шикам

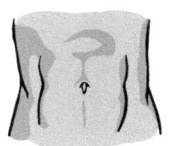

kitovu

ноф

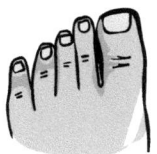

chano

ангушти пой

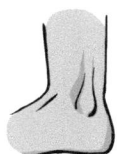

kisigino

пошнаи пой

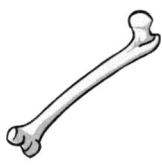

mfupa

устухон

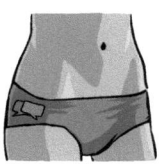

nyonga

рон

goti

зону

kiwiko

оринҷ

pua

бинй

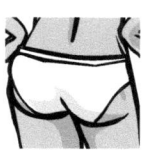

chini

таг

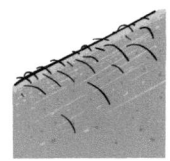

ngozi

пӯст

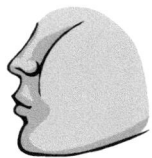

shavu

рухсора

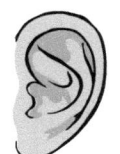

sikio

гӯш

mdomo

лаб

kinywa

даҳон

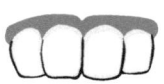

jino

дадон

ulimi

забон

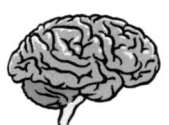

ubongo

майнаи сар

moyo

дил

misuli

мушак

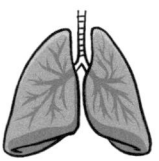

pafu

шуш

ini

ҷигар

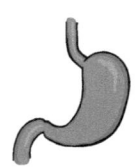

tumbo

меъда

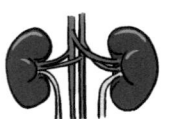

figo

гурдаҳо

jinsia

алоқаи ҷинсӣ

kondomu

рифола

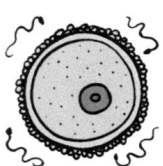

ovari

тухмхуҷайра

shahawa

нутфа

mimba

ҳомиладорӣ

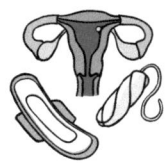

hedhi

ҳайз

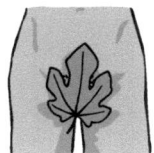

uke

маҳбал

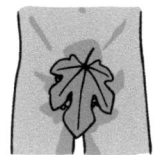

uume

кер

unyusi

абрӯ

nywele

мӯй

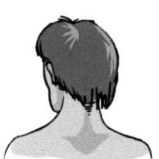

shingo

гардан

mwili - бадан

hospitali
бемористон

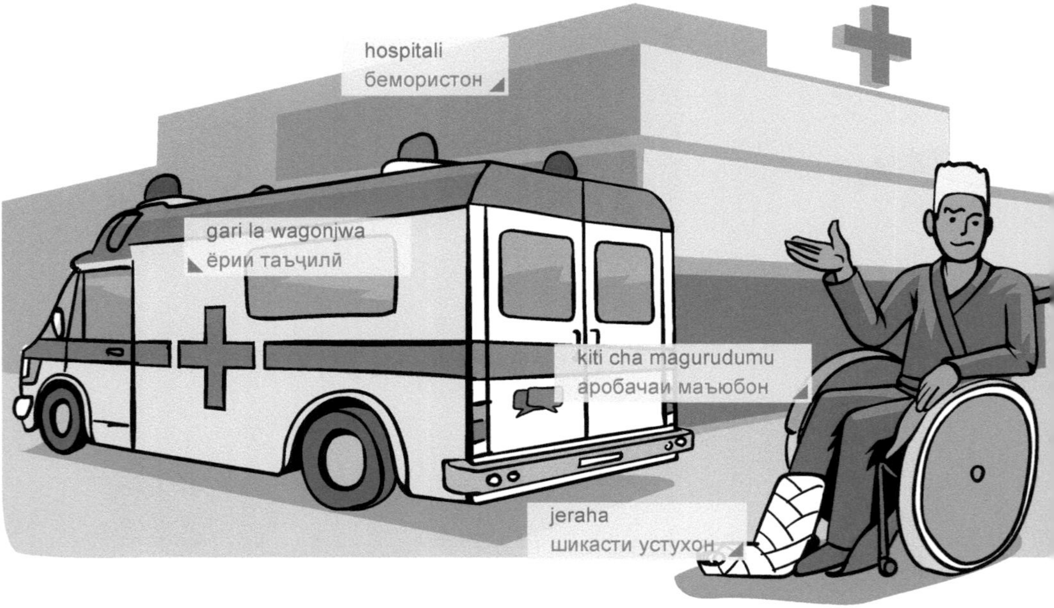

hospitali
бемористон
gari la wagonjwa
ёрии таъҷилӣ
kiti cha magurudumu
аробачаи маъюбон
jeraha
шикасти устухон

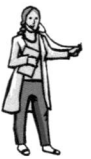

daktari
духтур

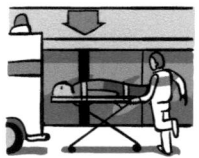

chumba cha dharura
ҳуҷраи ёрии фаврӣ

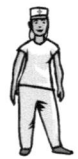

muuguzi
ҳамшираи тиббӣ

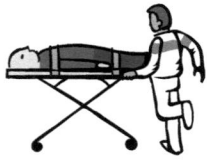

dharura
ҳолати фавқулодда

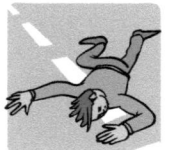

kupoteza fahamu
беҳуш

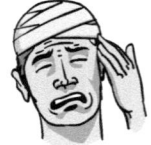

maumivu
дард

kuumia

ҷароҳат

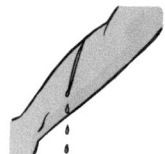

kutokwa na damu

хунравӣ

mshtuko wa moyo

дилзанак

kiharusi

сактаи майна

mzio

аллергия

kikohozi

сулфа

homa

табларза

mafua

грипп

kuharisha

шикамравӣ

maumivu ya kichwa

сардард

kansa

саратон

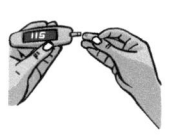

ugonjwa wa kisukari

диабет

daktari mpasuaji

ҷарроҳ

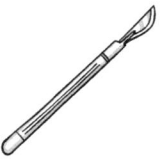

kisu kidogo cha kupasulia

скалпел

operesheni

ҷарроҳӣ

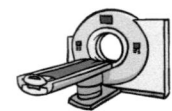

picha changanufu ya mwili

Томографияи компютерӣ

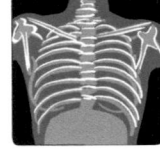

Eksrei

шӯъои ренгенӣ

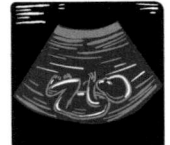

mawimbi sauti

ултрасадо

barakoa ya uso

ниқоби рӯй

ugonjwa

беморӣ

chumba cha kusubiri

ҳуҷраи интизорӣ

mkongojo

асобағал

plasta

марҳам

bendeji

дока

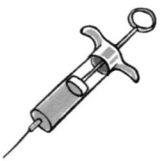

sindano

сӯзандору

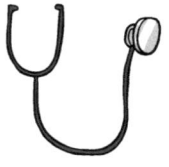

stetoskopu

стетоскоп

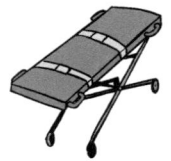

machela

занбар

kipimajoto cha kliniki

ҳароратсанҷ

kuzaliwa

таваллуд

unene kupita kiasi

вазни зиёдатӣ

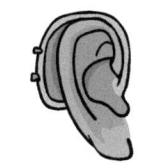

kusikia misaada
....
тачҳизоти шунавой

kipukusi
....
моддаи безараргардонӣ

maambukizi
....
инфексия

virusi
....
вирус

VVU / UKIMWI
....
ВИЧ / СПИД

dawa
....
дору

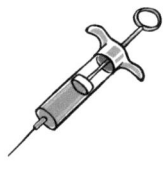

chanjo
....
ваксинатсия

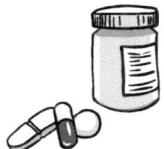

vidonge
....
ҳабҳо

kidonge
....
ҳаб

simu ya dharura
....
занги изтирорӣ

haemodainamometa
....
монитори фишори хун

mgonjwa / mwenye afya
....
бемор/солим

Msaada!

Кумак!

pigo

ҳучум

kengele

ҳушдор

shambulizi

ҳамла

hatari

хатар

lango la dharura

баромадгоҳи таҳлиявй

kizima moto

оташнишон

Moto!

Сӯхтор!

ajali

садама

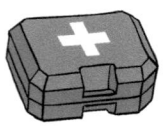

vifaa vya huduma ya kwanza

дорукуттй

wito wa msaada

бонги хатар

polisi

полис

Ulaya

Аврупо

Amerika ya Kaskazini

Америкаи Шимолӣ

Amerika ya Kusini

Америкаи Ҷанубӣ

Afrika

Африка

Asia

Осиё

Australia

Австралия

Atlantiki

Уқёнуси Атлантик

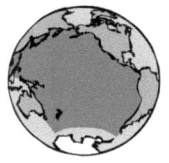

Pasifiki

Уқёнуси Ором

Bahari ya Hindi

Уқёнуси Ҳинд

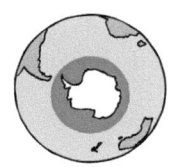

Bahari ya Antaktiki

Уқёнуси Антарктика

Bahari ya Aktiki

Уқёнуси Арктика

Ncha ya Kaskazini

Қутби шимол

Ncha ya Kusini

Қутби ҷануб

Antaktika

Антарктика

dunia

замин

nchi

замин

bahari

баҳр

kisiwa

ҷазира

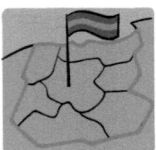

taifa

миллат

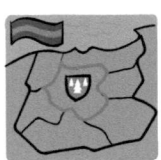

jimbo

давлат

uso wa saa

сиферблат

akrabu ya saa

ақрабаки соат

akrabu ya dakika

ақрабаки дақиқашумор

akrabu ya sekunde

ақрабаки сонияшумор

Ni saa ngapi?

Соат чанд?

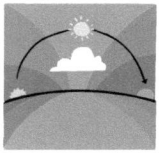

siku

рӯз

wakati

замон

sasa

ҳозир

saa ya dijitali

соати электронӣ

dakika

лаҳза

saa

соат

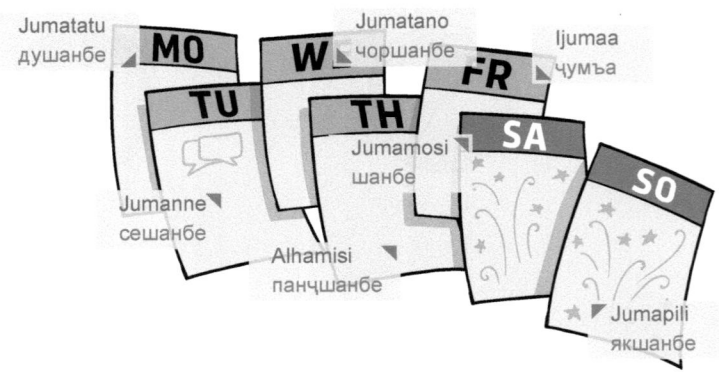

Jumatatu / душанбе
Jumatano / чоршанбе
Ijumaa / ҷумъа
Jumanne / сешанбе
Jumamosi / шанбе
Alhamisi / панҷшанбе
Jumapili / якшанбе

jana

дирӯз

leo

имрӯз

kesho

фардо

asubuhi

пагоҳирӯзӣ

saa sita mchana

нимрӯз

jioni

шом

siku za biashara

рӯзҳои корӣ

mwishoni mwa wiki

истироҳат

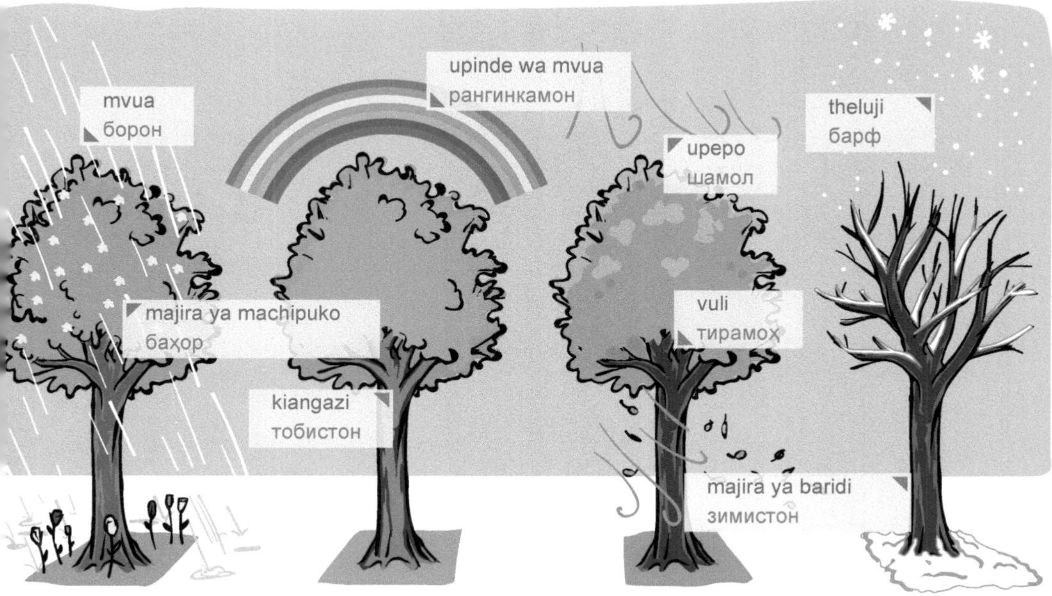

mvua
борон
upinde wa mvua
рангинкамон
upepo
шамол
theluji
барф
majira ya machipuko
баҳор
vuli
тирамоҳ
kiangazi
тобистон
majira ya baridi
зимистон

4.APRIL 11°
5.APRIL 4°
6.APRIL 13°
7.APRIL 8°
8.APRIL 10°

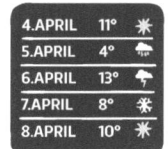

utabiri wa hali ya hewa

Обу ҳаво

F
C
120
90
60
30
0
-30
40
30
20
10
0
-10
-20

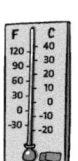

kipimajoto

ҳароратсанҷ

mwanga wa jua

равшании офтоб

wingu

абр

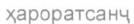

ukungu

туман

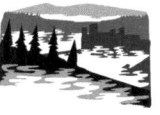

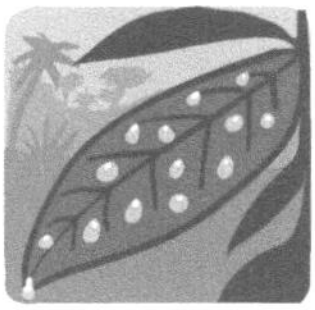

unyevu

намнок

umeme

барқ

radi

тундар

dhoruba

тӯфон

mvua ya mawe

жола

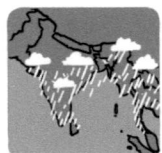

monsuni

муссон

mafuriko

обхезӣ

barafu

ях

Januari

январ

Februari

феврал

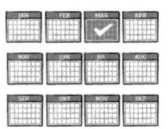

Machi

март

Aprili

апрел

Mei

май

Juni

июн

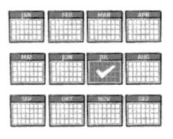

Julai

июл

Agosti

август

Septemba

сентябр

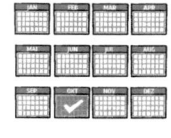

Oktoba

октябр

Novemba

ноябр

Desemba

декабр

maumbo
баст

mduara

давра

mraba

мураббаъ

mstatili

росткунья

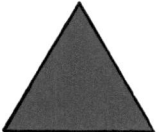

pembetatu

секунья

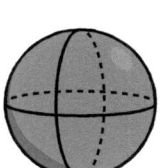

nyanja

соњаи

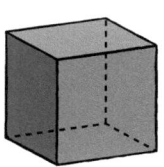

mchemraba

мукааб

nyeupe

гулобй

manjano

хокистаранг

chungwa

зард

rangi ya waridi

бунафшранг

nyekundu

сурх

hudhurungi

қаҳваранг

bluu

кабуд

kijani

сиёҳ

hanja

кабуд

jivujivu

сафед

nyeusi

сабз

mengi / kidogo

бисёр/кам

hasira / pole

хашмгин / ором

nzuri / mbaya

зебо/безеб

mwanzo / mwisho

оғози / охири

kubwa / ndogo

калон/хурд

angavu / giza

дурахшон / торик

kaka / dada

бародари / хоҳар

safi / chafu

тоза/чиркин

kamilika / tokamilika

пурра / нопурра

siku / usiku

рӯзи / шаб

wafu / hai

мурдагон / зинда

pana / nyembamba

кушод/танг

kulika / kutolika

хӯрданӣ /
хӯрданашаванда

ovu / ema

бад/нек

sisimkwa / udhika

ба ҳаяҷон / дилгир

nene / nyembamba

ғавс/борик

kwanza / mwisho

якум/охирин

rafiki / adui

Дӯсти / душмани

jaa / tupu

пур/холӣ

ngumu / laini

сахт/мулоим

nzito / nyepesi

вазнин/сабук

njaa / kiu

гуруснагӣ / ташнагӣ

mgonjwa / mwenye afya

бемор/солим

haramu / kisheria

ғайриқонунӣ / ҳуқуқӣ

akili / kijinga

соҳибақл / беақл

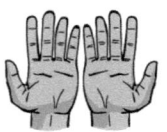

kushoto / kulia

рост/чап

karibu / mbali

наздик/дур

mpya / kutumika

нави / истифода бурда мешавад

kitu / jambo

ҳеҷ / чизе

zee / changa

пир/ҷавон

waka / zima

оид / хомӯш

wazi / fungwa

кушода/пӯшида

utulivu / kelele

паст/баланд

tajiri / masikini

бой/камбағал

sahihi / kosa

дуруст/нодуруст

mbaya / laini

дурушт/ҳамвор

huzunika / furahia

ғамгин/хушбахт

fupi /ndefu

кӯтоҳ/дароз

polepole / haraka

оҳиста/тез

nyevu / kavu

тар/хушк

joto / baridi

гарм / сард

vita / amani

ҷанг / сулҳ

0

sufuri

нол

1

moja

як

2

mbili

ду

3

tatu

се

4

nne

чор

5

tano

панҷ

6

sita

шаш

7

saba

ҳафт

8

nane

ҳашт

9

tisa

нӯҳ

10

kumi

даҳ

11

kumi na moja

ёздаҳ

12

kumi na mbili

дувоздаҳ

13

kumi na tatu

сенздаҳ

14

kumi na nne

чордаҳ

15

kumi na tano

понздаҳ

16

kumi na sita

шонздаҳ

17

kumi na saba

ҳабдаҳ

18

kumi na nane

ҳаждаҳ

19

kumi na tisa

нуздаҳ

20

ishirini

бист

100

mia

сад

1.000

elfu

ҳазор

1.000.000

milioni

миллион

Kiingereza

англисӣ

Kiingereza cha Marekani

англисии амрикой

Kimandarini cha Uchina

мандарини хитой

Kihindi

ҳиндӣ

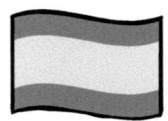

Kihispania

испанӣ

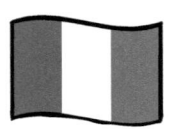

Kifaransa

фаронсавӣ

Kiarabu

арабӣ

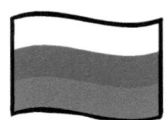

Kirusi

русӣ

Kireno

португалӣ

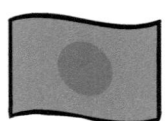

Kibengali

бенгалӣ

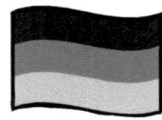

Kijerumani

олмонӣ

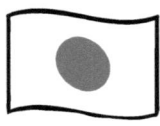

Kijapani

ҷопонӣ

mimi

ман

wewe

шумо

yeye / yeye / ni

Ӯ / вай / он

sisi

мо

wewe

шумо

wao

онҳо

nani?

ки?

nini?

чй?

jinsi gani?

Чй хел?

wapi?

дар куҷо?

lini?

кай?

jina

ном

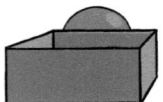

nyuma

аз паси

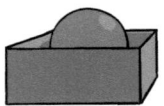

katika

дар

mbele ya

дар пеши

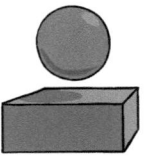

juu ya

дар болои

kwenye

дар рӯи

chini ya

дар зери

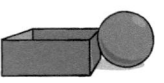

kando

дар назди

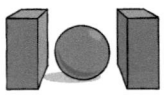

kati

миёни

mahali

чой